hito*yume book

「全員参加」授業のつくり方
「10の原則」

長州 田中桂塾 第2弾
教育維新

筑波大学附属小学校 田中博史
筑波大学附属小学校 桂 聖

文溪堂

全員の子どもに本当に「考える」チャンスがあるか

昨年から始めた長州田中桂塾。山口県出身の田中博史と桂聖が故郷に恩返しできることはないかと、考えて始めた会。

私と桂が取り組んでいることで、共通する授業改革の理念が「どの子にも授業の中で活躍できる時間を創りたい」という想いである。

桂はそれをユニバーサルデザインの名のもとに全国展開をしている。

田中は「算数的表現力」育成に長い間、焦点をあててきたが、それは完成された表現ではなく、思考の過程が表出される場をどのように見取り、価値づけていくかを考えることだった。まだ解決に至らないけれど、途中までなら言えるとか、本人も意識していないような感覚的なつぶやきなどを大切な表現と捉え直していけば、苦手な子どもたちにも参加させていくことは可能であると考えたわけである。

授業における「語り始めの言葉」を整理したのもそうした想いからだった。

このような未完成な表現にも価値があるのだと教師がその価値観を変えて子どもたちを見つめ直すと、実は授業は大きく変わるのである。今まで表現していないと思っていた子がちゃんと表現をしていることに気がつくのである。

今回の企画を通して、田中は桂の、桂は田中の授業を見て、そこにある具体的な事実をもとに「全員参加の授業づくりのために大切にすべき視点」を議論し合う機会をあらためてもった。

研究会の翌日に集まった少人数の会を塾と称しているが、この集まりで語り合ったことは、私と桂にとっても意義ある機会となった。

今回の塾に参加してくださった若手の先生たちとの座談会も通して、10の項目に整理したのが本書である。

もちろん、この視点はまだ完成したものではない。今後も故郷、山口における研究会を通して育てていきたいと思っている。だから明日はもっと別の視点が表れるのかもしれない。

でも、明日子どもと向き合い授業を進めていくときに、少しでも読者の先生方が意識してもらえれば、確実に昨日よりは参加する子どもが増える可能性があるのは間違いないと自負できる視点である。

明日の授業の子どもたちの笑顔が増えることを祈って同じ志で授業改革を目指す仲間に本書をささげる次第である。

苦手な子がいるからこそ、「主体的・対話的で深い学び」が実現する

「授業は、正解を発表し合うことではない。困ったことやわからないことを出し合って、みんなで解決するのが授業である」

教師がこんなスタンスに立つと、授業の風景が180度変わる。

たとえば、子どもが「えー、わからない」という言葉を言う。それも「発表」の一つになる。

教師が「何に困っているのかな?」「何と何に迷っているの?」など問い返してみる。すると「ここはわかるけど、ここがわからない」とか、「こことここに迷っている。だって〜」とか、「これはわからないけど、こうだったらわかる」と話してくれることも多い。それも、立派な「発表」である。

話し合い活動では、正解ばかりではなくて、当然「間違い」の発表が出ることもある。それを教師が「なるほど。○○だよねえ」と同じ言葉でくり返す。他の子が気づいて「えっ、ちょっと違うんじゃない?」と出てくる。もしも出ないなら、他の子も同じような間違いや勘違いをしている。

「何が間違いか」「どう考えればいいか」を話し合い、全員が間違いの理由が理解できれば良い学びになる。表面的に理解していたことが、深く理解できたことだ。「間違い」こそ「宝物」である。

こうして考えると「優秀な子がいるから、いい授業ができる」というのは、実に怪しい考え方になる。

「困っていること」「わからないこと」「間違い」などを自然体で出し合える仲間だからこそ、「表面的ではなくて、他人事ではない」学びになる。苦手な子の存在こそが、全員参加の「主体的・対話的で深い学び」を実現する鍵になるのである。

本書は、苦手な子こそが活躍する授業の原則を「10の原則」として整理した日本初の提案である。田中博史先生と桂で分担執筆しているが、その発想や方法は、この塾で田中先生から学んだことが大きい。私自身も「10の原則」に学びつつ、全員参加の「主体的・対話的で深い学び」が、国語授業で実現できるように努力したい。

長州 田中桂塾 国語塾長 桂 聖

もくじ

第1章
「全員参加」授業の「10の原則」……… 6

第2章

桂 聖の飛び込み授業
主題について話し合おう
教材「三つのお願い」（平成23年度版 光村図書4年下）
2016年7月23日　山口県周南市立徳山小学校5年生
……… 28

田中博史の飛び込み授業
赤い棒の本数は何本？
2016年7月23日　山口県周南市立徳山小学校3年生
……… 40

シンポジウム
〜飛び込み授業を終えて〜
全員参加の授業をつくるには
……… 52

第3章

田中博史の実践講座
「全員参加」の授業をつくる
……… 60

桂 聖の実践講座
全員参加の国語授業づくり
～国語的態度の育成（国語授業UDバージョン3）～
……… 72

第4章

座談会
全員参加の授業をつくる～現場の課題～…… 84
「長州田中桂塾で学んだこと」………… 94

第1章 「全員参加」授業の「10の原則」

原則 1（導入）
緊張感をもたせて「授業のスタートライン」をそろえる。 主体的な学び（田中）

原則 2（導入）
「考えの違い」「自信度のばらつき」から、共通の問題を設定する。 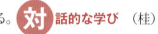対話的な学び（桂）

原則 3（導入）
自分の考えを「判断する場面」をつくる。 対話的な学び（桂）

原則 4（展開）
「適切な足場かけ」によって、問題を解決するように仕組む。 深い学び（桂）

原則 5（展開）
「理解が遅れがちな子」を主役にして、他の子の説明能力を高める。 対話的な学び（田中）

原則 6 （展開）
「間違い」を意図的・共感的に取り上げて、全員の理解を深める。 （田中）

原則 7 （展開）
「仮定的なゆさぶり」を使って、全員の思考を深める。 深い学び （桂）

原則 8 （展開）
友達の発言、教師の問いかけに「正対する」ことで思考が深まる対話のしかたを教える。
（田中）

原則 9 （発展）
「学び方を教える」という意識をもって苦手な子どものゴールを見届ける。 （田中）

原則 10 （発展）
「思考過程の見える化」によって、多様な考え方を整理する。 （桂）

第1章 導入 原則 ❶

緊張感をもたせて「授業のスター

苦手な子どもたちの中には、最初から自分は参加しないものだと決めつけている子も多い。そして実はそれは教師の意識の中にもあるのではないか。

この場面では、この子には当てない方がいいのではないかなど、教師の優しさが逆に参加しなくていい子どもをつくっているかもしれないと反省してみよう。

日本の伝統的な挙手指名方式の授業では、手さえ挙げなければ安全である。

ここにも「参加しなくて済む」「考えなくて済む」子どもがたくさん存在している。

こうした教師の日常の中に参加しなくて済む子どもをつくっている原因があるかもしれないと考えてみることから始めてみよう。

私は飛び込み授業などでも、これを毎回意識しているので、教室に入ったら、真っ先にそういう子を見つけて話しかけることにしている。

ちなみに飛び込み授業で、教室に入った途端、どうしてその苦手な子がわかるのかと不思議がられる方が多いけれど、これは簡単である。苦手な子どもたちはすぐに目をそらす傾向がある。

私が話しかけているときに、すっと逃げてしまう子、目をそらす子に私があきらめずに働きかけているだけである。

これだけで、子どもたちの意識が変わる。「まずい、この先生は、ぼくが苦手だということを知らないみたいだ。すると、今日は黙っていても通り過ぎてくれないかも」

こんなふうに考え始めるのである。

苦手な子どもたちに問いかけたときに、その子が言い淀んだり、言えなくなったりしたとき、いつもの担任の先生だと「じゃあ、またあとでね」と言ってやり過ごしてくれるのに……という子どもと教師の間にできた暗黙の了解が、実は子どもたちが参加しなくて済む、逃げ込むことができる隙間をつくっているのである。

全員参加のための授業スタートのポイントは、

＜その１＞授業のスタートに、積極的に苦手な子どもたちにまず話しかけること。

このとき、毎回、同じ子どもにしないこと。得意な子にもちゃんと話しかけて、苦手な子どもに参加させるためにしていることが目立たないようにするという配慮が必要。話しかけるときは、誰でも答えられるような内容が

主体的な学び

トライン」をそろえる。

よい。

たとえば、板書の日付を書きながら「えーと、今日は何曜日だっけ？」と話しかけるというように。普段参加しない子は、これだけでも緊張するものである。

＜その２＞全員がそろってスタートできることを何か一つつくる。

授業の初めに、全員がそろって一つのことをすること。

私がよくやっているのは、問題文を短く書いて、その都度机間指導に入ってチェックし、全員同時に書き終われるようにする方法。

これはこのシリーズの第一作目でも紹介したけれど、新しいクラスをもったときはしばらく続けると有効。

短い文節ごとに机間を回って一人ずつをさっとチェックして、書き終えているかどうかを観る。このときの机間指導は短い時間でさっと回るのがコツ。一人ずつをじっくり見て回っていると、それだけで時間がかかってしまい、間延びする。待っているときに退屈になって遊び始める子が出てしまう。

全員が同時に書き終われるようにすることを意識するだけで、子どもたちは、「この先生は全員がきちんと書かないと授業を先に進ませない先生なんだな」と感じるようになる。

何より、短い文なら誰でも書けるから抵抗

も少ない。これは＜その１＞で述べたことと同じ。大切なことは、誰でも参加しようと思えばできることで動かすということ。この活動には「ちゃんと全員を連れて行くよ」という教師のメッセージが込められている時間であると思うこと。

これが何より大切なことである。

ここに書いたことは簡単なことである。しかし、教師の動きが細かくなる。少し黒板に書いてはさっと全員を見て回る。また続きを書いて見て回る。忙しいけれど子どもは先生が側に近づいてくるだけで緊張するものだ。一般には自力解決などと呼ばれる時間まで子どもの間に入ることがないと聞く。しかもそのときの机間指導は時間がかかりすぎていて、子どもたちを見るときのタイムラグも大きい。

今まで当たり前だと思っていた習慣から脱却することが必要なのかもしれない。

（田中博史）

第1章

導入 原則❷

「考えの違い」「自信度のばらつき」

　そもそも、あなたは、授業をどんなイメージで考えているだろうか。

　正答を発表し合うことが授業ではない。「困ったことや問題になったことを仲間と一緒に解決していくこと」が授業である。

　こうした授業観に立つと、理解力が優れている子が、正答を自信満々に発表し合うことよりも、「考えの違い」「自信度のばらつき」から、「本当はどうなのか？」「わからない」などの子どもの素直な声のやりとりを通して共通の問題を設定していくことが大切になる。

　たとえば、6年生の説明文「笑うから楽しい」（平成27年度版　光村図書6年）の授業で考えてみよう。

　この教材は教科書教材だが、下図のように、その全文を打ち直してプリントを作成する。その中に全く関係ない一文を加えておく。「一文を加える」という「教材のしかけ」である。

　授業では、その冒頭で題名の意味をたずねた上で、文章を一読するように言う。「笑うから楽しいという意味がわかった？」とたずねると、ほとんどの子は「わかった」と言う。

　「ただ、実はね、この文章には、全く関係ない一文が入っています」と話すと、子どもたちは「えー！」という驚きの声。

　そこで、次の学習課題を告げる。「迷子の一文は、どの一文かな？」

笑うから楽しい

中村　真

① 私たちの体の動きと心の動きは、密接に関係しています。例えば、私たちは悲しいときに泣く、楽しいときに笑うというように、心の動きが体の動きに表れます。しかし、それと同時に、体を動かすことで、心を動かすこともできるのです。泣くと悲しくなったり、笑うと楽しくなったりするということです。

② 私たちの脳は、体の動きを読み取って、それに合わせた心の動きを呼び起こします。ある実験で、参加者に口を横に開いて、歯が見えるようにしてもらいました。笑ったときの顔の動きは笑っているときの表情と、とてもよく似ています。笑っていないときと比べて、鼻の入り口が広くなるので、多くの空気を吸いこむことができます。えがおになって、たくさんの空気を吸いこむと、脳を流れる血液が冷やされて、楽しい気持ちが生じるのです。心の動きが体の動きを引き出しているのです。

③ 表情によって呼吸が変化し、脳内の血液温度が変わることも、私たちの心の動きを決める大切な要素の一つです。人は、脳を流れる血液の温度が低ければ、ここちよく感じることが分かっています。笑ったときの表情は、多くの空気を取りこむことができ、自分たちがえがおになっていることに気づいていませんでしたが、自然とゆかいな気持ちになっていました。このとき、脳は表情から「今、自分は笑っている」と判断し、笑っているときの心の動き、つまり楽しい気持ちを引き起こしているのです。

④ 私たちの体と心は、それぞれ別々のものではなく、深く関わり合っています。楽しいという心の動きが、えがおという体の動きに表れるのと同様に、体の動きも心の動きに働きかけるのです。

対話的な学び

から、共通の問題を設定する。

　この文章は、4つの段落で構成されている。「どの段落に迷子の一文があると思う?」と予想をたずねると、いくつかの段落に考えが分かれる。

　また「自分の考えに自信はある? 自信度チェックをしよう。自分の自信度は『◎、○、△、×』のうち、どれかな?」と聞くと、◎を選ぶ子は数人。だが、大半の子は、○、△、×。あまり自信がないようだ。

　それで「どんなことに困ってるのかな?」と、○や△の子にインタビューしてみる。「1段落と3段落のどっちかなと悩んでいる」「この文だと思うが、本当かどうかわからない」のように話してくれる。多くの子はあまりわかっていないし、自信がないのである。

　こうして考えの違いや自信度のばらつきを確認した上で「迷子の一文を探し出すために、それぞれの段落の内容を一緒に確認してみよう」ともちかける。すると、共通の問題意識をもって、次の活動にスムーズに取りかかることができる。

　「考えの違い」や「自信度のばらつき」を互いに出し合うことによって、「どの考えが正しいのかな?」「なぜこうなるのだろう?」など、全員の子が問題意識をもてるようにする。

　全員の子が問題意識をもつこと自体が、授業における重要な目標だとも言える。

（桂　聖）

第1章

導入 原則 ❸

自分の考えを「判断する場面」を

　授業は、全員の子どもが主人公である。子どもをお客さんにしてはならない。

　しかし、多くの授業が「他人事」になっていることが多い。「自分事」になっていないのである。

　なぜ、子どもがお客さんになってしまうのか。こうした子どもは、何も判断していない。判断していないから、他人事になる。何かを判断していれば、その結果が気になるはずである。「自分の判断」と「他の子の判断」が異なれば、「なぜ、あの子はそう考えたのかな?」と、自ずと他の子の考えを聞きたくなるはずである。

　たとえば、本書で紹介している2年生の物語文「ミリーのすてきなぼうし」(平成27年度版 光村図書2年上)の授業(p72－83)でも、判断する場面を設定している。

　全文を読み聞かせした後、「自分がいいなあと思ったところは、どの場面ですか? その場面の番号をノートに書きなさい」と指示する。原初的ではあるが、場面の番号を選ぶだけでも、主体的な姿だと言えよう。

　また、それぞれの場面を選んだ人数を確認する。同じ文章を読んでも、違う場面を選ぶ子がいる。選ぶ場面の人数も異なる。すると「あれ、他の子は、なぜ、その場面を選んだのかな?」という気持ちが自ずと湧き上がる。

　こうした気持ちをもたせた上で、自分が選んだ理由をペアの子に説明するように促

対話的な学び

つくる。

す。その後は、全体で交流する。

　ある作品を読んだ後に、感想の交流活動を設定すると、理解力が優れている子は発言する。だが、全員の子が発言することはむずかしい。

　74ページの図のように、場面ごとに、特徴的な言葉と挿絵を提示することで、全員の子が「いいなあと思う場面」とその理由を交流することができる。

　他の事例で考えてみよう。

　たとえば、3年生の物語文「モチモチの木」（光村図書）の授業では、「豆太は、本当におくびょうか？」という学習課題を設定する。「おくびょうだ」「おくびょうではない」のどちらかに丸をつけて、二項対立で話し合う。

　本書で紹介した6年生の説明文「笑うから楽しい」（平成27年度版 光村図書6年）の授業（p 10-11）の学習課題は、「迷子の一文は、どの一文かな？」である。子ども一人ひとりが、迷子の一文に線をひくことだけでも、思考が必要な判断になる。

　番号を書く、○をつける、線をひくだけでも、一人ひとりの判断の差異が明らかになって、その後の話し合い活動が自分事になる。

　授業において、全員の子どもが「判断する場面」を設定することは、主体性を引き出すとともに、他者とのやりとりを促す第一歩だと言える。

（桂　聖）

第1章

展開原則 ❹

「適切な足場かけ」によって、問題

　教師は「適切な足場かけ」によって、子どもの問題解決を支えていくことが大切になる。

　一人ひとりの子ども、それぞれのクラスは、学習経験が違うし、知識や理解のレベルも異なる。つまり、子どものレディネスは、様々である。教師はそのレディネスの違いに応じて、子ども自らが問題を解決できるように適切な足場をかけながら授業を展開する。

　足場とは、建設現場における足場に喩えた教師の支援である。子どもの学習経験や能力に対して、ハードルが高い学習課題であれば、高い足場をかける。あるいは、ハードルが低ければ、低い足場をかける。子ども自らの力で解決できそうなら、足場そのものがいらないこともある。授業では、一人の子どもの様子に応じて、足場をかけたり外したり、高くしたり低くしたりして、教師の支援を刻々と変えていく。

　たとえば、本書では、4年生の物語文「三つのお願い」（平成23年度版 光村図書4年下）を使って、5年生を対象に「主題の捉え方」の指導を紹介している（P28－37）。レディネスが全くわからない子どもたちとの飛び込み授業である。

　作品の主題を捉えることができるには、中心人物の心情変化（登場人物の関係の変化）の理解が必要である。指導の系統から言えば、中心人物の心情変化は中学年レベル、主題は高学年レベル。つまり「中心人物の心情変化→主題」という指導の

深い学び

を解決するように仕組む。

流れになる。

　レディネスが全くわからない子どもたちとの飛び込み授業だったので、前半部で「中心人物の心情変化」を確認した上で、後半部で「主題」の捉え方を指導した。すなわち、中心人物の心情変化の理解が、この授業における足場かけである。子どものレディネスを想定した上で、足場かけとしての学習活動を設定することは不可欠な支援だと言えよう。

　ただし、本書の授業協議会（シンポジウム；p 52-59）で話題になったように、その「足場かけの適切さ」には、十分留意する必要がある。

　この飛び込み授業の場合、主題を捉えることができるようにするには、中心人物の変化の理解は欠かせない。学習活動の設定は適切だったかもしれない。

　しかし、1時間の飛び込み授業で行うねらいが高すぎた。足場かけの適切さというよりも、授業のねらいを中心人物の心情変化（登場人物の関係の変化）において、様々な子どもの声を聞いて、それに関する解釈を深めることが重要だったと言える。

　足場が高すぎて、足場にさえ上がれないこともある。低すぎて、余計なお世話になることもある。「いま」「ここ」の子どもの実態に合った「適切な足場かけ」が必要である。

（桂　聖）

第1章

展開 原則 ❺

「理解が遅れがちな子」を主役にし

　ここでの大切なポイントは理解が進んでいる子が授業を進めるのではないと教師が思うこと。

　「よくわからない」と言える子がクラスの中に存在することの価値を授業者自身が認識することが何より大切である。

　一般に「遅れがちな子ども」に焦点をあてて、授業を進めると、「理解の速い子どもたち」が足踏みをしていて立ち止まってしまうことが問題ではないかと指摘される方が多い。この発想の延長線に習熟度別など個に応じた課題を与える方策が出てくるのだが、私は理解の速い子どもたちには、プレゼンテーション能力を磨いている時間だと考えればよいと思っている。

　実際に説明させてみるとわかるが、自分一人で解けた子といっても、深く理解しているわけではない場合も多く、相手のわからなさに合わせて自分の説明方法を変えていける子は少ない。

　一通りの考え方や説明の仕方ではなく、複数通りの考え方や説明ができることは、こうした説明場面で役に立つのである。そして自らが用いる表現の方法として区切って順序

対話的な学び

、他の子の説明能力を高める。

良く説明したり、図を使ったり、別の場面に置き換えたりするような説明方法を使うことによって、速く解決できた子の理解も深まっていくのである。

深い学びへの取り組みの一つの方法として、できたつもりの子、わかったつもりの子が、苦手な子どもたちへの説明のくり返しにより、一歩深い理解を求められるようになると考えたら、クラスに苦手な子がいて、その子が「よくわからない」とつぶやくことがどれほど全体の子どもたちの役に立つか理解してもらえると思う。

私は最近北欧の研究会を企画して何度か訪れている国にフィンランドがあるが、ここでは、こうした説明活動に焦点をあて、互いに引き上げあうことを中心に据えたことで、子どもたちの人間関係力も含めて向上させている。この国が習熟度別に成果なしと国際会議で報告したのは1985年のことだった。学ぶことが多い。

（田中博史）

第1章

展開原則 ❻

「間違い」を意図的・共感的に取り

　「間違い」には学びの過程が表出されていると考えてみよう。

　かつての日本の問題解決学習では、自力解決と呼ばれる時間の間に、教師が机間指導して回り、個々の間違いをその場で指導して修正させ、正しくなってから発表させるということが行われていた。

　これは間違えることは恥ずかしいことという価値観を子どもたちに植えつけてしまっていると思うのである。

　誰でも、最初は間違えるものだ、いや間違えるから次の一歩が始まるのだと考えてみよう。このあたりの発想が日本人が英語を話せないことと共通していることだと思うのである。つまり間違いを誰かから指摘されることを極端に恐れる人間をたくさんつくってしまっている。

　算数でも同様で、一度で正解を出さなければならないと思いこみすぎている日本の子どもたちは全国学力・学習状況調査や国際調査においても試行錯誤をしない傾向があることを指摘されてきた。

　もっと気軽に間違いを出せる雰囲気を教師がつくっていこう。

　そのためには、

<その1> **最初は教師が間違える。**

深い学び

‥げて、全員の理解を深める。

<その2> 誰もが予想できる間違いを意図的に提示するところまでを教材だと考える。

　例　Aさんは、この問題を次のような式で解いたそうです。どう思いますか。

　例　この問題を解くのに次のような図を描きました。(といって少しだけ間違っている図を示し、修正していく)

など。Aさんは架空の人物という設定で。

<その3> 間違いを出させた後で、他の子どもたちの共感をさそう発問をする。

　例　Aさんは次のように考えたそうです。Aさんの気持ちがわかりますか。

　この問いかけで、聞いていた他の子どもたちから、「気持ちはわかる」「私もはじめはそう考えた」などの声が聞こえるようになってくると、安心して間違えることができるクラスの雰囲気ができる。

　この間違いからどこをどのように修正していけば正しい答えにたどり着くのかを意識させると思考の過程が見えてくるため、子どもたちが新たな問題解決に向かうときに役立つ学びとなる。深い学びは発展や応用だけでなく、こうした問題解決の思考過程にこそ存在している。

(田中博史)

第1章

展開 原則 ❼

「仮定的なゆさぶり」を使って、全

「仮定的なゆさぶり」とは、教師の「ゆさぶり」によって、子どもが「もしも○○だったら…」という仮定的に比較して考えたくなるようになる働きかけである。

たとえば、2年生の物語文「お手紙（光村図書）」の授業を事例にして考えてみよう。

「お手紙」では、「かたつむりくん」という人物が登場する。子どもは「かたつむりくんが『すぐやるぜ』と言うのが面白い」と言う。

そこで、周辺人物である「かたつむりくん」の人物設定の意味について考えさせたいとしよう。

しかし、「なぜ、かたつむりくんという人物を設定したのかな?」「なぜ、かたつむりくんの言葉が面白いのかな?」のように直接的に問うても、子どもが「考えたくなる」「話したくなる」ような話題にはならない。

そこで、次のように「ゆさぶり」をする。「先生は『すぐやるぜ』というぐらいなら、かたつむりくんではなくて、チーターに手紙を渡した方がいいと思うな」

こうやって言うと同時に、下図の絵も見せる。子どもたちは、大爆笑。「だめだよ!」「チーターじゃ、だめ!」と騒ぎ始める。

それを聞いて、わざと、とぼけて言う。「えっ? なぜ、だめなの? なぜ、チーターではなくて、かたつむりくんの方がいいのかな?」

深い学び

員の思考を深める。

　子どもたちは、次のように話し始めた。
「チーターだと、速く行くから、もっている手紙が飛ばされてしまう」
「かたつむりくんは友達だから信用できるけど、チーターは信用できないかもしれないから頼まない」
「かえるくんは、がまくんにびっくりしてもらいたいのに、チーターにもっていってもらったら、速すぎて、びっくりしてもらえない」
「チーターは、あっという間にもっていくけど、かたつむりくんは遅いから、4日間、二人で手紙を待って、幸せな気持ちだった」

　かたつむりくんだけで考えると、人物設定の意味ははっきりしない。しかし、「もしもチーターだったら…」のように、チーターとかたつむりくんを仮定的に比較して考え始めることで、かたつむりくんの人物設定の意味について深く解釈できるのである。

　しかも、教師が「チーターの方がいいと思うな」と、意図的にとぼける。このことで、俄然、勢いよく話したくなるわけだ。

　「仮定」することで、「ある」ものを「ない」と考えたり、「ない」ものを「ある」と考えたりして、比較しながら考えることができる。

　授業の山場では、「仮定的なゆさぶり」によって、思考を深めることが有効である。

（桂　聖）

第1章

展開 原則 ❽

友達の発言、教師の問いかけに「正対する」ことで思考が

つぶやきと私語は違う

つぶやきを活かす授業の大切さを唱えてきたが、子どもたちのつぶやきを活かす授業に真剣に取り組んでいる先生たちから、よく次のような質問をされる。
「話し合いが堂々巡りになって深まらない」
「みんながたくさん発言してくれるのはいいのだけど収拾がつかない」

これは私の後輩たちにも、よく言うのだけど、座ったまま自由勝手に発言している言葉の中にはつぶやきではなく、単なる私語も多いということを意識した方がよい。この区別が大切である。

不安なこと、確かめたいけど手を挙げて言う勇気はない……。こんな何気ない発言が自然につぶやかれることを救うことが目的であって、堂々と大きな声で自信のある子が先に正解を言ってしまうことを許しているわけではないということ。

「あっそうだ」「こういうことだ」と自信をもって発言したいときには、きちんと手を挙げさせて発言させていこう。友達の考える楽しみを奪わないことがマナーである。

先生はそんなことはたずねていない

活発な意見が言えるようなクラスになったら、次の段階は友達の意見、教師の問いかけに正対して発言できる子を育てることに意識を向けることである。

だから、誰かの発言を聞いて「他にもあります」と言ってくる子どもたちを指名するのではなく、「それなら……」「だったら……」と友達の意見に絡んでくる子をまずほめて優先的に指名するのである。

その意味では「付け加えます」は怪しい。付け加えると言って全く新しいことを話している子をよく見かけるからだ。「誰の意見に」「何のために」付け加えるのか

対話的な学び 深い学び

深まる対話のしかたを教える。

をたずねてみよう。「他にあります」と変わらない意見が多いのがわかる。子どもたちが友達の発言に繋がりをつくる意識をもつと、算数の場合は筋ができてくる。

「いつもそんなことにはならない」
「それはそのときだけだ」
「もしも、形が変わったらどうなるの」
「それならこちらにも同じ決まりがありそうだよ」

こんな発言がたくさん出始めると学びが一歩深まる対話になる。

ただ、最初から子どもたちがこのような対話で深まる学びを推進していくことはむずかしい。だから教師と子どもの対話でその見本を見せるつもりになることが必要である。

そのための一歩は、教師が問いかけをしたときに、その問いかけとは全く別のことを発表する子をそのまま許さないこと。

私はときには「先生は、今、そんなことはたずねていないよ」ときっぱりと否定することも行っている。

すると、自由気ままに発言しようとしていた子たちがドキっとした表情に変わる。そして問いかけは何だったっけという顔になるから、もう一度発問をくり返す。こうして対話をつなぐにはきちんと相手の話を聞きとることが大切であることを教えていくのである。

その意味では、教師同士の協議会でよく聞く「お答えになったかどうかわかりませんが」という言葉を連発する大人は自分自身が相手に正対したことのない方である。こんな方には対話の授業はできない。大人も自分たちの話し合いを反省し、そこで対話の基本を身につけてから子どもたちと対話できるようになろうではないか。

（田中博史）

第1章

発展 原則 ❾

「学び方を教える」という意識をもって

　どのクラスにも必ず気になる子がいると思う。原則1で述べたように本人も教師も「参加しなくてもいい」「できなくても仕方がない」と思っているところを打破することから取り組み直すことが必要である。しかしやはり肝心なのはそのゴールも見届けることである。

　たとえば技能の定着で2年生で九九の習熟を図ろうとしたとする。

　苦手な子たちは、なかなか覚えることも大変だ。プリントなどを見てみると間違っている問題もたくさんある。やれやれとため息が出てしまうのもわかる。

　だが、彼らの取り組んだあとを数枚見比べてみよう。必ず癖がある。

　たとえば「8×8」を62と覚えてしまっている……などである。だから間違いにも共通点がないか探すのである。

　毎回、間違い方が異なる子は、適当に書いているだけなのでまだ修正がきくが、間違い方が同じ子は、意識して修正させなくてはならない。

　計算プリントの下に余白を設け、そこに間違えた九九を書き写しさせる。

　私は毎回、二回分の練習を見開きに印刷して行わせるので、そこには二回分の間違いが書かれることになる。

　すると、子どもも自分で同じ間違いをしていることに気がつくことがある。

　それを調べて報告させるのである。ここまでは子どもたち本人にさせる。

　そして先生と子どもで次に気をつける九九を二人で確認し合う。

　「次からこの8×8＝64だけは気をつけようね」というようにである。他にたくさん間違えていてもいい。まずはその中から共通して間違えるものを探し、次回の目標を一つに絞る。この行為が学び方を教えている時間になる。

　私は、自分のクラスでそういう子を見つけたら、廊下ですれ違うときに、その子のときだけ「はっぱ」と呼びかける。その子はニコニコしながら「64」と答える。

　これだけで、私と廊下ですれ違うときにニコニコする子になるし、次なるプリントを楽しみにする子になる。

　すべての九九をこうして釣り上げる必要はない。一つか二つ、その乗り越え方を教えるだけでいい。二回目にどれに絞るかは自分でまた探させる。

　スタートだけではなく、定着の場面においても、こうして先生が気にかけていることを意識して伝えるのである。

主体的な学び

苦手な子どものゴールを見届ける。

ポイントは、
＜その１＞ 自分のことを気にしてくれているとずっと思わせること。
＜その２＞ 過保護にならず、学びの進め方を教えるという意識で接すること。
である。

＜その１＞は教師の根気が必要だ。あせらなくていいので、ゆっくり一日一回でもいいから語りかける、側に行く、頭を撫でる……。絆をつないでおくこと。

ここまでは意識すればできる。だが、＜その２＞は教師に技術が必要だ。学びに向かう姿勢を育てることを新しい学習指導要領でも意識しているようだが、まさしく生涯にわたって役立つ力なのである。こちらはすぐには成果が出なくても、必ずこれから先に役立つ力となるもの。

技能の場合は、こうして自分の間違い方の統計を取らせて整理させるとよい。この方法そのものが実は算数であり、意義がある。

そのとき、モチベーションが上がる練習のさせ方がある。

その子が、たとえばかけ算の筆算に取り組んだとしよう。自分の間違い方を見てどうやら繰り上がりがあるときに間違いが多いと気づいたとする。

ならば、繰り上がりがないときだけだったらどのぐらいできるのか、と逆の発想で取り組ませてみる。

すると見事に全部できた。嬉しそうである。

「なるほど、繰り上がりさえなければちゃんとできるじゃないか。ということは、かけ算はできているのだね」、さらに「筆算の仕組みもわかってるんだ。たいしたものだ。」
「では、一体どんなたし算の繰り上がりで間違っているのだろうね。」

こうして話し合いながら、また自分のプリントを見つめ直させるのである。

これもちゃんとした問題解決だ。

学びは闇雲に取り組むのではなく、こうして分析的に時々自分を見つめ直すことで、成長していくものである。そしてこのときに行った謎解きの仕方こそが算数で育てたい思考方法そのものなのである。

魚が釣れない人に魚をあげるのではなく、釣り方を教えるのがよいと昔の人はよく言ったものである。

子どもたちの学びも同じである。漠然と「できない」「苦手」と決めつけているだけでなく、その子とともに歩める方法を考えていきたいものである。

全員参加の授業づくりで、対話をするときも、主体的にさせるときも、実はこうして学びに向かう姿勢を育てることを常に意識しておく。これは個に向かうときも集団を育てるときも変わらない。

だが、そのためには教師自身も本当の意味の問題解決を体験しておくことが必要である。すぐにマニュアルや形式に頼っているようでは、子どもたちのわからなさの謎解きに向き合えない。

（田中博史）

第1章

展開 原則 ❿

「思考過程の見える化」によって、多

　授業では、「思考の結果」だけではなくて、「思考の過程」を共有することが大切になる。

　算数の授業でいえば、答えだけを共有しても、全く意味がない。考え方を共有する。

　国語の授業も全く同じである。読みの授業で言えば、解釈の結果を共有するだけではなくて、解釈の仕方や着眼点を共有する。

　算数も国語も「思考過程の共有」こそが重要なのである。

　たとえば、3年生の物語文「海をかっとばせ」（光村図書）の授業で考えてみよう。

　この話は、野球の試合に出て活躍したいと思っていた中心人物のワタルが、波打ち際で素振りの練習に励んでいる際に、波の子たちと出会って励まされ、野球に自信をもっていくというファンタジー作品である。

　物語の冒頭で、ワタルは、素振りの練習をするために、自宅近くの海へ行く。その浜辺で、ある物を発見する。次の一文である。

> はまべに打ち上げられた流木が、クビナガリュウみたいにねそべっていた。

　インターネットで画像を検索してみると、右のような画像があった。子どもたちに見せると、「すごーい!」と、感嘆の声が上がった。

　先の一文は、ワタルが見た情景である。情景とは、文字どおり、心「情」がわかる風「景」。ワタルの心情が表れているところを読む。

　このことを伝えた上で、次のことをたずねる。

「この情景からわかるワタルの心内語は?」

　心内語とは、心の中でつぶやく言葉である。

　どんどん発言させて、板書していく。

「クビナガリュウみたいだ。こわいなあ」
「なんだか、気持ち悪いなあ」
「お、クビナガリュウだ。かっこいい!」
「すごいなあ! いいものを見つけたぞ!」

　前者の発言を黒板の上段に書いて、後者の発言を下段に書き、次のように問い返す。

「上と下の心内語の違いは何かな?」

　前者はマイナスの心情、後者はプラスの心情である。当然、マイナスの心情の方

深い学び

様な考え方を整理する。

が解釈として適している。その理由もたずねる。

　子どもは、次の前後の文脈を取り上げて理由を話す。

> 海には、だれもいなかった。はまべに打ち上げられた流木が、クビナガリュウみたいにねそべっていた。こわいのをがまんして、ワタルは、すなはまにかけ下りた。

　海には「だれもいない」し、ワタルは「こわい」のを我慢している。つまり、前後の文脈から考えると、マイナスの心情なのである。

　人物の心情は、大まかに言えば「プラスとマイナスで区別して読む」ことができる。また、心情を解釈するには、「前後の文脈から判断する」。これらは、他の場面や文章でも使える「論理的な読み方」である。

　このようにして、子どもの解釈という思考の結果を整理することで、「論理的な読み方」という「思考過程の見える化」を図ることが大切である。

（桂　聖）

第2章 桂 聖の飛び込み授業

教材「三つのお願い」
（平成23年度版 光村図書4年下）

主題について話し合おう

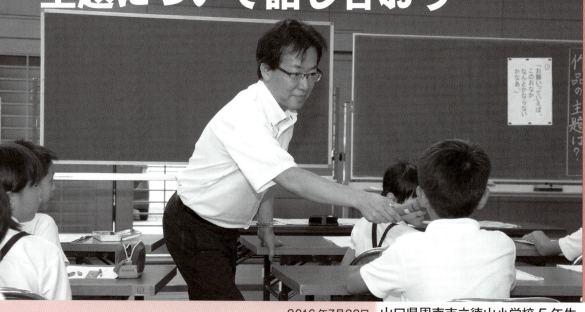

2016年7月23日　山口県周南市立徳山小学校 5年生

先生がめあての枠を書きます。みんなも赤鉛筆か赤いボールペンで1行分の枠をひきましょう。

全員が枠をひいたことを確かめたうえで、枠の中に書きますと指示。「作品の」「主」で区切って書き、全員をチェック。作品の主、この次何を書くと思う？わかる人？「作品の主題」すごい。「作品の主題は?」という勉強をします。

作品の主題は？　って言われて、あー、困ったなという人？（大多数が挙手）では、みんなで勉強しながら、その困ったことを解決していきたいと思います。じゃあ、作品を復習します。

🉐 教材は「三つのお願い」。担任の先生に、事前に10回くらい読んでおくように依頼しておきました。授業の初めに、全員を起立させ「自分だったらどんなお願いをするか、2つ思い浮かべたら座りましょう」と言って、ペア対話をさせました。

🉐 「どんなお願いか、いまから言ってもらうけど、いきなり言うとドキドキするから、隣の人に話してみよう」と、最初に練習させたことで、リラックスできましたね。

🉐 「三つのお願い」これは物語文だよね、と確認して「めあて」を書きました。

黒板に「お願いっていえば、このおなか、なんとかならないかなぁ。」と貼ると、笑いが起きる。何がおかしいんですか？
「このおなかじゃなくて」
そうですね。このおなかなんとかならないかなぁ。ではないよね。これから貼るのは、みんな変なところがあるよ。

2番「そのときには、ビクターにもついてきていただこうと思ってる。親友だからね。」
変なところわかる？

3番「あんたみたいな人、ここにいてほしくない。話さないでよ。」
ここにも変なところがあるよ。

次4番。「いい車よ、ノービィー。この世でいちばん大切なものは車だもの。」
5番。「一人ぼっちで、学校全体の絵をかいたこともある。ビクターは、すっごくいい友達だ。」
変なところ、わかる？

最後6番。「いい親友がいなくなって、さびしいよ。もどってきてくれないかな。」
変なところわかりますか？ たくさん音読していればどこが変かわかると思います。

全員立ちましょう。隣同士で6つの変なところを探してください。正しい表現も確認してください。6つ全部確認できたら座りましょう。

① 「お願いっていえば、このおなか、なんとかならないかなぁ。」
② 「そのときには、ビクターにもついてきていただこうと思ってる。親友だからね。」
③ 「あんたみたいな人、ここにいてほしくない。話さないでよ。」
④ 「いい車よ、ノービィー。この世でいちばん大切なものは車だもの。」
⑤ 一人ぼっちで、学校全体の絵をかいたこともある。ビクターは、すっごくいい友達だ。」
⑥ 「いい親友がいなくなって、さびしいよ。もどってきてくれないかな。」

🅶 書いた人がルシール＝クリフトン　外国のお話ですね。作者ですか？　筆者ですか？「作者」そうですね。物語文だから作者。では説明文の場合は？「筆者」…という短時間のやりとりで基本的なことを確認していく。うまいな、と思って見ました。

🅺 6つの間違った文章を出して、間違い探しをするしかけで物語のあらすじを追いました。事前に読んでおくように依頼しておいたので、内容が頭に入っている子も多かったようですが、全員で確認して進めました。

🅶 隣同士での話し合いの際に、子どもから「線をひいていい？」という言葉が出たら、すぐにそれをほめて「文章に線をひいておくといいね」と広めていたのもよかったですね。

🅺 6つ全部確認できたペアは座るように指示しました。ほとんどのペアが確認できましたが、3組ほど残りました。

🅶 「もう少し考えたい人もいるようですが、座ってください」と声掛けしました。「できない人は」という表現を使わないのも大切なことですよね。

では、一番自信のあるところ。どこが変で正しい表現は何でしょう。発表してください。
（ほぼ全員が挙手）

🖽 手を挙げない子が数人いるな、と思ったところで、「一番自信のある番号のところでいいよ」と再度プッシュしました。

桂 そこで全員の挙手を確認しましたが、まだ授業の最初でしたので、すぐに発表させずに、「何を話そうかな、隣の人と練習してみよう」とペアでの発表の練習活動をはさみました。

「6番で、いい友達がいなくなってさびしいよ。『いい友達』と『いい親友』が違うと思います」

「親友ではなくて友達だね。」

🖽 ノービィーとノービィの間違いもしかけですか？

桂 いや、あれは単なる間違いでした（笑）。だから「すごい。先生本気で間違えていました。ありがとう。ノービィーではなくてノービィでした」と。

🖽 ああいうことがあると子どもたちの肩の力が抜けていいですよね。あれも、しかけだと思って見ていましたよ（笑）。

「4番で、『大切なものは車だもの』は、いい車じゃなくていい友達。あとノービィーの伸ばす音はいらない」

すごい。先生本気で間違えていました（笑）。

「3番の『話さないでよ』ではなくて『帰ってよ』だと思います」
「1番の『このおなか』は『この寒さ』だと思います」

桂 ゼノビア、レナ、ノービィと3つ出てくるので、混乱する子もいます。そこで、立ち止まり、確認をしました。

🖽 1番の文を誰の会話文か、と聞いたら、はじめは確かに困ったような顔をしている子が多かったですね。

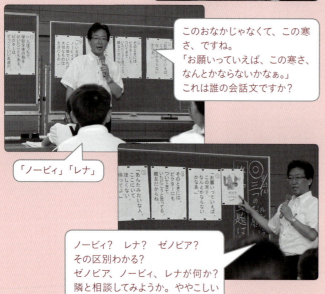

このおなかじゃなくて、この寒さ、ですね。
「お願いっていえば、この寒さ、なんとかならないかなぁ。」
これは誰の会話文ですか？

「ノービィ」「レナ」

ノービィ？　レナ？　ゼノビア？
その区別わかる？
ゼノビア、ノービィ、レナが何か？
隣と相談してみようか。ややこしいね。誰か説明してくれる？

「ゼノビアは本名で、ノーヴィはみんなから呼ばれている名前で、レナはビクターから呼ばれている名前」
みんなから呼ばれている名前って何？「ニックネーム」
ビクターからは何と呼ばれているの？「レナ」

Mさんをみんなが○○ってニックネームで呼んでいるのに、U君だけが女優の名前で「結衣」とか呼ぶのってどう？

「変な感じ」

その人だけが女優の名前で「レナ」とか「結衣」って呼ぶの、どういう関係？

「親友とか友達とかだと思います」
「2人だけでニックネームで呼び合っているのが、親友とか」

親友や友達関係？ 2番を読むと考えが変わるかもしれません。
「そのときには、ビクターにもついてきていただこうと思ってる。親友だからね」
親友って書いてあるね。変なところは？

「『いただこう』じゃなくて、『もらおう』」

私のこと、レナって呼んで！ 私、女優になるよ！ハリウッドに行くよ！ついてきて！こういう関係って親友？

「うーん、なんか違う」

3番を読んでみましょう。
「あんたみたいな人、ここにいてほしくない。帰ってよ」こういう関係、親友？

「友達だからけんかができる」
「友達じゃなかったら関わらない」

桂 ゼノビアが本名、ノーヴィがニックネームで、ビクターだけがレナと呼んでいることを、このあと教科書に戻って確認しました。

田 「クラスで誰か面白いニックネームで呼ばれている人いない？」と問いかけ、みんなにニックネームで呼ばれるMさんが、ある男の子からだけ女優の名前で呼ばれていたらどう感じる？と考えさせました。でも、新垣結衣とか北川景子とか急に言われて、ちょっと戸惑っている子どももいたのではないかな（笑）？すぐにクラスのことに切り替えていましたけれど。

桂 ビクターとレナの関係を「親友」「友達関係」と捉えている子どもたちに、Mさんがハリウッドに行くから、「U君、ついてきて！」「レナって呼んで！」という関係って親友？ と問いかけ、自分事として考えさせました。

田 レナとビクターのときには「親友」と書いてあるから親友だろう、という解釈で済ませていた子どもたちも、自分のことに置き換えて考えると、「あれ？そんな関係が親友って言えるのかな？」という雰囲気に変わっていきましたね。

そうね、友達だから喧嘩できるのか。ゼノビアとビクターはどんな友達の関係だろう。

㋐はゼノビアが下、ビクターが上。
㋑はゼノビアとビクターが同じくらい。
㋒はゼノビアが上。㋐㋑㋒で言ったら、どれだろう。

㋐の人？ ㋑の人？
多数が挙手。
㋒の人？ 数人。
㋑の人、どうして㋑？
「親友はお互いのことを言い合えるから」
「いいと思います！」

女の子起立。2番の「そのときには、ビクターにもついてきてもらおうと思ってる。親友だからね」ビクターのところに、隣の男の子の名前を入れて男の子に向かって言ってみてください。

次、3番の「あんたみたいな人、ここにいてほしくない。帰ってよ」これを隣の男の子に向かって言ってみてください。

どうでしょう。男の子？
「上から目線で言われた」
「腹立つと思う」
腹立つよね。ゼノビアとビクターの関係、㋐？㋑？㋒？
「㋒！」

🅶 ゼノビアとビクターの関係を考えるときに、ここで㋐、㋑、㋒の図を示しました。㋐はゼノビアが下でビクターが上。㋑は同等。㋒はゼノビアが上でビクターが下。図示することで何を話題にしているかが明確になりました。

🅺 ゼノビアとビクターの関係の変化に着目することが主題につながるので、はじめの関係をきちんと押さえておくために、㋐、㋑、㋒の選択肢を提示しました。

🅶 はじめは、㋑の同等に手を挙げる子が多かったですね。

🅺 そこで、女の子たちを起立させて、男の子に向かってゼノビアの言葉を言わせました。

🅶 「お隣の男の子の名前を入れて言ってみましょう」と言わせたところが、いいな、と思いました。子どもたちは自分のことに置き換えて考えないと、実感がもてないところがありますからね。

🅺 実際に言われてみたら、上から目線を感じて、立場の捉え方が変わりました。

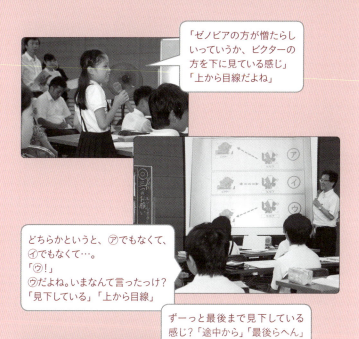

桂 ゼノビアがビクターに対して「上から目線」「見下している感じ」という捉え方に変わったので、この「上から目線」の態度がずっと最後まで続いているのか、どこかで変わるのかを考えるように仕向けました。

田 子どもたちが使った「見下している」「上から目線」という言葉をさっと取り入れて、板書にも書き加えました。桂先生は当たり前のようにやっていましたが、これはとても大切なことだと思います。

田 「途中から変わった」という意見が出た後で、ペアトークをさせましたね。

桂 なんとなくわかっているけれど、まだ全体で発言できそうな子が限られていたので、お隣同士で話をさせました。自分の発言に自信がもてないときだけでなく、話しながら自分の考えがまとまることも多いので、ペアでの活動をうまく入れ込んでいきたいと思っています。

どうして？
「5番で『ビクターはすっごくいい友達だ』と言っていて、すごくいい友達だということを理解しているから、関係が同じくらいになったと思います」

確かにママの言葉もあるんだけれど、それでゼノビアがいい友達だ、って思い始めたんだよね。こういうのを「何関係」っていうかな？さっきは「見下している関係」「上から目線の関係」だったけど、最後は？

「友達関係だと思います」
「友達関係で、理由は両方同じ立場の存在の感じだから」
「友達関係で、同じ立場になったよ」の声が次々に。

🅰 同じ位置関係、同じ立場という理解で子どもたちがまとまったところで、また「どうして？」とたずねました。「どうして？」と改めて問い直したことで、別の友達が立ちあがり「いい友達だと言っているから」と本文に立ち戻って説明しました。スーッと流さないことが大切だということですね？

🅱 そうですね。なんとなくわかったな、ということで流してしまうと、実はわかっていないことが多いですよね。とくに2人の関係の変化が、この授業の「主題」に関わるところだったので、重ねて問いかけて、全員で理解するようにしました。

物語には、はじめ、きっかけ、終わり、があるよね。
はじめが青の「1から3番」
きっかけが？「4番」
赤が「終わりで5と6だ」

このお話は、ゼノビアが、最初「見下していた」ところから、最後は「同じ立場の友達だ」となるお話です。

🅰 この紙面では残念ながら見えませんが、黒板に貼られた6枚のカードには薄く色が付けてありましたね。

🅱 カードの下地に「はじめ」は青色、「きっかけ」には黄色、「終わり」には薄い赤色を付けてありました。はじめにカードを見ているときには、間違い探しに目が行くので、下地の色には気がつかない子がほとんどです。でも、物語には「はじめ」「きっかけ」「終わり」があるよね、と言われたときに、色分けが効くように仕込んでいます。

こっちに戻ります。作品の主題は？（2, 3名が挙手）お、すごい。説明するね。作品の主題とは、作品を通して、作者が伝えたいこと（人間の生き方で大切なこと）

読む人が100人いたら100通りの主題があります。クラスは何人？「22人」だったら22通りの主題があってもいいんだけれど、「これちょっと変だよね」というのはだめ。言っている意味わかる？

最初主題ってわからなかったけれど、言える、という人？「友達として大切なことは同じ立場や関係です」「同じ立場に立つこと」「友達として大切なことはいい友達だよね」

「いい友達ってなんか、違うと思う」どうして？「友達として大切なことはいい友達、って、すでに友達と言っているから」なるほど。

先生も23人目の主題を考えてきました。ただし、先生が考えてきた主題の4枚中、当たりは1枚。あとはハズレ。主題くじ。だれかひいてみませんか？

D 「三つのお願いをすること」これは？「違う！」どうして違う？「友達はお願いをするものではないよ」この物語では、確かにお願いをしているけど、友達として大切なのは「お願いをすること」では違う。

🟥桂 1時間の物語文の学習で、主題まで取り上げるのは、ちょっと時間的にも内容的にもむずかしいのですが、物語文の授業で多くの先生方が困っていらっしゃる部分ですので、あえて主題まで取り上げました。

🟥田 飛び込み授業では、子どもたちがどれくらいの理解をもって授業に臨んでいるかが読めないから、むずかしいですよね。

🟥桂 作品の主題は？と最初に問いかけた時点で2, 3人の手が挙がりましたが、まず、主題の定義からおさらいしました。
物語にはカエルのお話とか、キリギリスのお話とか、いろいろある。でもカエルとかキリギリスを題材にしているけれど、人間の生き方で大切なことを伝える、それが主題です。たとえば、「友達として大切なことは、（　　　　　　　　　）だよね。」このかっこの中が主題。

🟥田 100人の読者がいれば、「100通りの主題」がある。ただし、中には「間違い」もある。と言ってから、クラスの人数分だけ主題があるよ、と自分たちの話に置き換えて考えさせました。そして、主題の選択肢を提示した。この選択肢が今回のいちばんのしかけですね？

次は何をひく？「A！」
友達として大切なのは「命令にしたがってくれること」だ。これは？
「友達に命令して言うことをきかせるのは間違っていると思います」
「自分のことしか考えていないと思います」

BかC。2つに1つだね。
「Bにする！」
友達として大切なのは「いっしょに学校の絵をかくこと」これは？
「違う！」「一緒に学校の絵をかくことが友達ということではないから」

では最後、ひいてくれる人？はい！！
C「親友になること」
「え？おかしい」という声が上がる。
友達として大事なのは親友になること。大事でしょ。（腑に落ちない顔）

このお話でいうと、友達として大切なのは親友になること、ではだめだね。まだ発表していない人、教えて。
「親友になることが友達として大切なことではないと思う」

「強制的に親友になることではなくて、コミュニケーションをしっかりとることだと思う」
「親友といえるような立場でコミュニケーションをとっているわけではないので、親友ではないと思う」

あれ、もう1枚あった。Eがある。
だれかEをひいてくれる人。
はい！！（開けたら真っ白）
「あれ？中身が書いてなかった」

🈲 2人目の子はAのカードをひきました。この物語で友達に命令して従わせようとしているのは「はじめ」の部分であることを確認し、物語のはじめの部分は物語の主題になることはむずかしいことをおさえました。

🈯 BもCも違うと言ったあとでペア対話をさせ、「まだ発表していない人、教えて」と促しました。このとき立ち上がらせず、桂先生が近くに言って意見を言わせていたのがよかった。頑張って最後に手を挙げた彼らがリラックスして話せました。

🈲「このお話でいう親友は、立場が違っている」「自分一人だけが思っている親友だと思う」
「強制的に親友になることではなくて、コミュニケーションをしっかりとることだと思う」と、たくさんの意見が出ました。

🈯 主題くじをひかせて、主題の正誤を吟味する中で、主題の捉え方の確認をしたということですね。不適切な理由が思いつかない子たちも、友達の発言を聞いて「なるほど」という顔をしていました。最後に、正解がないじゃないか、と思わせておいて、もう1枚あった！と。

ごめん、先生書くの忘れたから、自分で書いてくれる。
復習！ 具体的すぎるのはだめ、はじめの部分はだめ、このお話で意味が違うのはだめ。自分なりの主題をノートに書いてください。

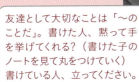

友達として大切なことは「〜のことだ」。書けた人、黙って手を挙げてくれる？（書けた子のノートを見て丸をつけていく）
書けている人、立ってください。

桂「先生が書くのを忘れたから、自分で考えて」と言って必要感をもたせて、子どもたちに主題を書かせました。時間がなくて、少ししか発表ができなかったのですが、子どもたちは、
「同じ立場に立って相手の気持ちを考えられることだと思う」
「上下関係ではなく、同じ立場でいること」
「同じ立場で信頼できること」
といった、主題を考えました。主題の捉え方を理解し、ゼノビアとビクターの関係の変化を踏まえて主題を書くことができたと思います。

発表してもらうね。書いたことが全く一緒だな、と思ったら座ってください。
「同じ立場に立って相手の気持ちを考えられることだと思う」
主題としてどうですか？
「いいと思います」

今日は主題といって、とてもむずかしい勉強をしました。ちょっとはわかるようになった？　考えるときに、お話のはじめ、きっかけ、終わり、どの部分を見たらいい？
「きっかけと終わり」
そうだね。きっかけや終わりを見ると、書きやすいです。

田 私の授業でもそうでしたが、「先生にノートを見せて」と言ったら、子どもたちが見てほしくてズラーッと並びました。「ああ、かわいい子どもたちだな」と思って微笑ましく見ていました。もう一つ、子どもたちに白紙を見せて、書かせたのはしかけとしていいけれど、子どもたちに書かせるときには、桂先生自身でも書いておくべきだと思います。そちらについては、授業後のシンポジウムでお話ししているので（p 52-59）。

桂 うーん、反省材料ですね。

よく頑張りました。先生に丸をもらっていない人はノートをもってきてください。

第5学年国語科学習指導案

授業者　筑波大学附属小学校　桂　聖

研究主題	国語授業のユニバーサルデザイン ―教材にしかけをつくる国語授業「10の方法」―

1．単元名　　主題について話し合おう
－「三つのお願い」（平成23年度版 光村図書4年下）－

2．研究主題について

◆**国語授業のユニバーサルデザイン（「指導の工夫」と「個別の配慮」）**

　全員の子どもが、楽しく学び合い「わかる・できる」国語授業をつくるには、特別支援教育の視点を導入して授業を改善する必要がある。

　特別な支援が必要なAさんに関する「指導の工夫」が、クラスの他の子にとっても効果的なものになるようにする。活動が停滞しやすいAさんだけの「個別の配慮」を含めて、全員の子どもが楽しく「わかる・できる」ことを目指して、国語授業のユニバーサルデザイン化を図る。

　「指導の工夫」とは、「論理」を授業の目標にした上で、授業を「焦点化」「視覚化」「共有化」するということである。国語授業がわかりにくいいちばんの原因は、「内容理解」だけを授業の目標にしていることにある。「論理的な読み方、論理的な書き方、論理的な話し方・聞き方」を授業の目標にするというスタンスが、まずは重要である。

　その上で、授業の「焦点化」「視覚化」「共有化」を図る。「焦点化」とは、授業のねらいや活動をしぼること。「視覚化」とは、視覚的な手掛かりを中心に理解を図ること。「共有化」とは、話し合い活動を組織化することである。

　だが、こうして全体指導を工夫しても、活動が停滞する子がいるかもしれない。その場合は、「個別の配慮」が必要になる。特別な支援が必要なAさんのつまずきを想定して、個別の手立てを考えておくことも大切である。

◆**教材にしかけをつくる国語授業「10の方法」**

　「指導の工夫」に関する有効な手立ての一つが「教材のしかけ」である。

　国語の授業といえば、既成の教科書教材をそのまま読むというイメージが強い。だが、既にあるものを受け入れるだけでは、受け身の学習になりやすい。

　そこで、教材にしかけをつくって提示する。たとえば、説明文の授業で、問いと答えの関係を捉える指導において、「問いの文はどれですか？」「答えの文はどれですか？」と逐一たずねるのではなくて、「この一文（問いの文）は、どの段落に入りますか？」と選択肢にして提示する。すると「この段落にはありえない！」「問いの後に答えがくる！」など、能動的に考えるようになる。教材にしかけをつくって提示することで、子どもの意欲や思考が活性化する。

　教材のしかけには、次の「10の方法」がある。

> ①順序を変える　②選択肢をつくる　③置き換える　④隠す　⑤加える　⑥限定する
> ⑦分類する　⑧図解する　⑨配置する　⑩仮定する

　教材のしかけによる活動は、単なるクイズに終わってはならない。授業のねらいに通じることが重要である。授業のねらいをどんな読み方に焦点化して指導するのか。また、子どもの反応をどのように引

き出して整理するのか。教材のしかけという「指導方法（方法論）」だけでなく、「指導内容（目標論・内容論）」や「授業展開の方法（授業論）」を合わせて検討していくことが必要である。

◆本提案授業における「教材のしかけ」

　本提案授業におけるしかけは、「しかけⅠ：語句を置き換える」「しかけⅡ：主題の選択肢をつくる」である。まず、前者では、6枚のセンテンスカードで語句の間違い探しをする中で、三つのお願いに関する内容や、ゼノビアとビクターの関係の変化を確認する。その上で、後者では、主題の選択肢によって話し合うことで、主題の捉え方を理解し、ゼノビアとビクターの関係の変化をふまえて主題を書くことができるようにする。

3．単元の目標
- 作品の主題について進んで話し合うことができる。
- 主題の捉え方を理解し、作品の主題を書くことができる。
- 言葉に関する辞書的な意味と文脈上の意味との違いに気づくことができる。

4．単元の計画（全3時間）
第一次　教材を読み、音読練習をする……………………………………………………2
第二次　ゼノビアとビクターの関係の変化や作品の主題について話し合う…1（本時1／1）

5．本時の指導
（1）目標

　ゼノビアとビクターの関係の変化や主題の正誤について話し合うことを通して、主題の捉え方を理解し、自分が捉えた主題を書くことができる。

（2）展開

学習活動・学習内容	指導の工夫（○）・個別の配慮（★）
1．センテンスカードの間違い探しをする。 【しかけⅠ：語句を置き換える】 ●三つのお願いの内容 ●ゼノビアとビクターの関係の変化	○間違い探しの活動を通して、三つのお願いの内容や、ゼノビアとビクターとの関係の変化を確認する。 ★表現の間違いがわからない子がいる場合には、文章の該当部分に線をひくように話す。
2．主題の捉え方について話し合う。 【しかけⅡ：主題の選択肢をつくる】 ●主題の捉え方 ・中心人物の変化への注目 ・主題として不適切な表現	○主題の意味がわからない子がいるかもしれないので、次のように解説する。 「主題とは、作者が作品を通して読者に伝えたいこと。人間世界の本質。たとえば、この作品では、友達として大切なこと」にあたる。 ○教師が考えた主題をくじにしてひかせて、主題の正誤を吟味する中で、主題の捉え方について確認する。 ★不適切な理由が思いつかない子には、友達の発言を聞かせて理解できるようにする。
3．自分で考えた主題をノートに書く。 ●中心人物の変化の観点で主題を書くこと	○ゼノビアとビクターとの関係の変化に着目して主題を書くように助言する。 ○他の物語でも、中心人物の変化から主題を捉えるように勧める。 ★主題を自分で考えて書くことができない子には、友達の考えを書いた板書の内容から選ばせる。

「三つのお願い」ルシール＝クリフトン作　Copyright© 1992 by Lucille Clifton. Used by permission of Curtis Brown, Ltd. through Japan UNI Agency, Inc., Tokyo

第2章　田中博史の飛び込み授業
赤い棒の本数は何本？

2016年7月23日　山口県周南市立徳山小学校 3 年生

全員が日付までを書き終えたことを確認し、「赤い」まで書いて、再び全員の様子をチェック。「ぼうは」でまた区切って、今度は大外から一巡。

「何」と書いて振り返り、一拍おいて「本？」と板書。10秒ほど間をおいて「書き終わった人？」と聞くと、全員が挙手。

今日は単純な問題です。要するに赤い棒が何本あるかがわかればいい。簡単でしょ？の呼びかけにうなずく子どもたち。

🌀 黒板に赤い棒を9本、緑の棒を1本並べ「じゃんけんをして赤い棒を交互に取り合って、最後に緑の棒を取ったほうが負け」というゲームを2回行い、「この赤い棒が問題に出てきます」と、授業を始めました。

🌀 導入のゲームで2回とも田中先生が負けてワッと盛り上がり、子どもたちの心をワシづかみにしましたね。スタートの板書を小刻みに書いて、机間を回り、全員が揃って学ぶ体制が整いました。「3年生なのに、みんなきれいな字を書きますね」という言葉掛けに、満足げに微笑む子どもたち。ワクワクしている様子が伝わってきました。

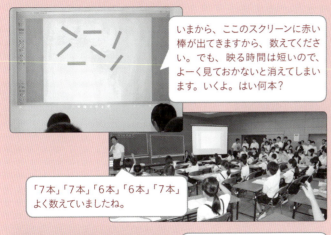

「7本」「7本」「6本」「6本」「7本」
よく数えていましたね。

7本と6本が多いね。もう一度見せるよ。何本だった?「7本」ちょっと遠くの人、見えにくかったかな?とスクリーンから離れた席の子の近くに行って見え方を確認。「7本」見えていたね。

いよいよ本番です。
いまの問題は簡単でしたけど、今度はそうはいかないよ。
(下の図を一瞬見せて、パッと消す)

いまね、もう一回見たい、と言った人にも聞きたいんですけれど、もう一回見たいという人（約半数が挙手）。何も覚えていませんか?

「ちょっとは覚えている」
じゃあ、そのちょっと覚えていることを聞かせて。
「四角」
いいね、四角を覚えている?

「四角の棒の数は4本」
「4本ずつが見えた」
「四角が何個もあった」

㊙ 最初にスクリーンに映し出したあと、「ちょっと遠くの人は見えにくかったかな?」と言って、いちばん離れた子の席からの見え方を確認されました。
こういう心づかいをサラッとされるのがうまい。全員参加の際の鉄則でしょうね。

㊣ 通常の授業でも、こうした声掛けは大切です。子どもたちは友達の扱われ方を自分に置き換えて感じ取ります。「どの子も大切にしよう」としている先生の心づかいは、ちゃんと通じるものですよ。

㊙「いよいよ本番です」と言われて、会場全体が集中しました。でも、あっという間に消えました（笑）。「もう一回見たい」という声に、すぐにもう一度見せるのかと思ったら、「何か少しでも覚えていることはない?」と聞き返しました。

㊣「何か覚えていることはない?」と言われたら、「四角があった」「四角が何個もあった」と答えました。問題をパッと見せて、すぐに隠したことで、見間違えても恥ずかしくない状況をつくるねらいもありました。

四角が見えた人? 四角が4本でできているのが見えた人? それが何個もあるのを覚えている人? 何個あったんだろうね。ノートにこんなふうになっていたと絵を描いてごらん。

この赤い棒を描くのに、ノートに太い幅で描こうとしている人がいます。大変だったら、1本の線で描いてもいいです。「私得意だから」という人は、このままで描いてもいいよ。

Fさんにどんなふうに見えたか描いてもらうよ。
Fさん、四角は何個見えたの?
「5個」

四角が5個見えた人?
(多くの手が挙がる)
ではFさんの絵だとすると、赤い棒は何本?
「20本」

20本だね。1つの四角が4本でできていて5つあるから。式にできる?
「4×5＝20」「Fさんのであっていたら、4×5で20本になるよ」
一瞬しか見ていないのに、よく数えていたね。

ほかの見え方した人いる?
(手が挙がらず)
Fさんと同じだった人?
(多数が挙手。でも手を挙げていない子もいる)

🈲 ここで、ノートを見て回りながら、「絵を描くのにちょっと苦労している人がいるので、棒は1本の線で描いていいよ」と言われました。どんな絵を描いていたのでしょうか?

🈳 棒を太く描こうと、輪郭を描くから、棒自体が長方形になってしまい、描きにくそうにしている子がいたので「1本線で描いていいよ」と言いました。この授業は、だいたいどこでやっても、正方形を梯子型につなげて描く子、正方形をばらばらに描く子に分かれます。

🈲 まずは正方形を離して5つ描いた子の考えを取り上げましたね。この考えがいちばん多かったからでしょうか?

🈳 正方形が5個と捉えるのが、子どもたちが必ず間違えるものだからです。いちばん困っている子を表に出すために、いちばん起こりやすい間違いを最初の話題にしました。でも、瞬間的に見て、消えたものだから、あとから間違いとわかっても、恥ずかしくないのです。「1つの四角が4本だから4×5で、棒の数は20本になるね」とあえて断定的に言いました。

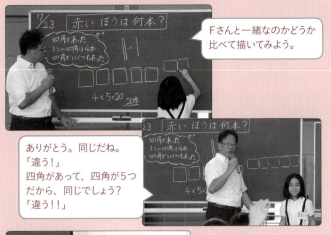

㊙「Fさんと同じ人?」「違う人?」と聞いた後、「もしもし、みんなさぁ、ノートに描いているのは違うのに、どうしてFさんと同じと言ってるの?」と言って、Mさんを前に出し、梯子型の絵を見て「同じだね」とまた断定的に言って揺さぶりました。絶妙で、面白かった!

㊙「違う、でも言えない」と思っている子たちも、断定的に言われると、黙っていられなくなる。あの後、「違う! 違う!」と手が挙がったでしょ。

㊙揺さぶり方がすごい。もう一度J君が2つの違いを説明したあとも、「J君はこの2つが同じだって言ったよね」と畳みかけました。

㊙友達の話をちゃんと聞いていない子がいたので、J君を前に出して、「J君は同じだと言ったよね」と言ってみたら、「えー!」と、なりました。

㊙「『J君のお話をもう一回教えてください』と言われて説明できるようになったら座るんだよ。そのくらいよく聞くんだよ。」と言うと、空気が変わりました。周りが座るのを見て座った子に「座ったら当てるよ」と念を押すと、慌てて立ち上がった子もいて、かわいかった。

何がわからない？
「J君は反対のことを言った」

「Fさんは線をつないでいて、Mさんは線をつないでいないのに、逆のことを言った」

同じ人の話を聞いたのに、逆だって言われると、だんだん自信が無くなってきた。J君、もう一回言ってくれる？J君上手なんだけど、みんなに伝わらないんだよ。J君が反対を言っているのか、正しく言っているのか聞くんだよ。いい？

「Fさんのは、1個1個の間に隙間があるけど、Mさんのは、1個1個をつなげて描いている」

まだ首をかしげていたね。「Fさんのはつなげていないのに、つなげていると言っている」
「え？」
じゃあ、書いておこう。

Fさんのはつながっているの？つながっていないの？
「つながってない！」
つながっていないって、話したよね。
こっちはだれ？「Mさん」
Mさんのはつながっている？
つながっているか、つながっていないかは違うね。

この2つ、同じところはないの？
「四角が4本でできていることと、それが5つあることです」
なるほど、よく聞いているし、よく見てるね。

🏠 今回は事象の変化そのものよりも、友達の説明活動をきちんと全員が「聞き取っているかどうか」「理解しているかどうか」に焦点をあてました。子どもって、ただ説明を聞いただけではわからない。「説明してもらうよ」と言って聞き取らせても、まだ聞き取れないのです。

🌿「座ったら当てるよ」と言われて集中して聞いても、まだ聞き取れていない。子どもの話は伝わらないな、わかったつもりで流してはいけないな、と改めて考えさせられました。

🏠 J君の話も3回聞いてまだ、首をかしげている子がいました。そこで「つながっていないのがFさん」「つながっているのがMさん」と全員で確認し、図の上に名前を書きました。

🌿 丁寧だな、と思って見ていました。ようやく全員にJ君の説明が浸透した後で、もう一度、2つの図形の違う点、同じ点を押さえましたね。

🏠 2つの図形で、つながっているか、いないかは違うと確認した後で、同じところはないの？と確認しました。
「四角が4本でできていて、それが5つあることは同じ」と押さえました。

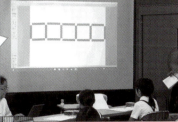

桂 「4本ずつで5つあるから、棒の数は？」と聞いたら、子どもが「20」と答えました。ここで「20本だね。両方とも4×5＝20になっていればいいね」と、また揺さぶりを掛けましたね。

田 3人くらいが「え？」という顔をしていましたが、ほとんどが反応しなかったので、問題の図を見せ、「赤い棒は20本。今日の問題は簡単だったね」と。

桂 あの後一気にザワザワしました。「質問があります！」と言って、何人かが手を挙げ、その中の1人が押さえきれない感じで、自分で前に行き、黒板を指さして話しましたね。

田 わかっている子たちは、話したくてたまらなくなった。でも、あの時点では、まだ何が違うのかわかっていない子もいました。ここからが全員参加のために大切なところです。

桂 「よくわからない」に手を挙げた2人の子を、田中先生は「よしよし、正直だ」とほめてから次に行きました。あの一言の声掛けが大切なんでしょうね。

田 ほとんどの子が「Fさんのほうが多い」と言ったところで、もう一度「わからない」と言った子に戻しました。

桂「わからない」と言った子が「違う」とつぶやいたのを受けて黒板の前に連れていき、「数えてみよう」と言ってから「何を数えるんですか？」と、たずねました。ああ、細かいところまでフォローが効いているな、と思いながら見ていました。

田 よく見ていますね（笑）。

桂 棒の数を数え始めたらすぐにストップさせて、「こうやって数えていけばわかるよね。じゃあ、いまからノートに同じ図を描いて、数えてみよう」と全体に戻した。個人と全体の使い方がうまいな、と感心しました。

田 Mさんの図を描いて考えよう、と言ったときに、四角を大きく描いたがために、一列に入らなくなって、横に2つ、真ん中に2つ、下に1つ描いている子もいました。

桂「どうして20本ではなくて、16本なんだろう」と言ったときに、田中先生はわかっている子に説明させようとはしませんでしたね。わかっている子が説明しただけでは流れてしまう、と考えたからですか？

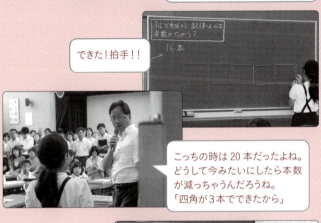

🔴**田** 重なっているのと重なっていないのと、違いがあることがわからない、と言って手を挙げたNさんを前に出し、棒を使って梯子の形をつくらせました。

🔴**桂** 4つつくったところで、ストップさせ「あと何本ほしい？」と聞きましたね。

🔴**田** あのまま最後まで並べたら、なぜだかわからないので、最後の正方形の1個分の前で止めてたずねたのです。無意識のうちに認識していることを自覚させるために、あそこで止めた。
「あと何本ほしい？」と言われたNさんは、あの場で「ああ、あと3本だ」と気づいたのです。「四角が3本でできたから」と答えたでしょう？

🔴**桂** Nさんの言葉をまた、別の子に言わせましたね。何人かに言わせた後で、さらに、前に出して説明をさせて確認しました。最後の詰めがすごいな、と思いながら見ていました。「Nさんがやってくれたから、仕組みが見えた」という言い方もいい。優しいな、と思いました。こんなふうに言われるなら、「わからない」と手を挙げることが苦ではなくなりますよね。

「四角が3本、3本になっている」
四角が3本、3本になっている?

「はじめは四角でできていて、その端っこの棒につれて、3本、3本、3本、3本とできている」

2人で話してみて、たぶんこれで大丈夫だなと思う人。計算すると16本になりますか?「はい」16本になる? 式にできる?「はい。できます」

式を言ってごらん。「三六」6はどこから出てきたの?サブと言っていることは3の段の九九を使おうとしているの?

3の段の九九に16ってあったっけ?「ある!」「えー、ないよ」3の段言ってみようか。三一が3、三二が6、三三が9、三四12、三五15、三六16だよね。「18!!!!」

いま三六を言いたくなった気持ち、先生わかった。三五15じゃ合わないもんね。でも3本ずつが5こという話もある。どうしようか?「3×5+1です」

3×5はいくつですか?「15」
+1で「16!」
よさそうだね。

🟥 授業の最後の方に来て、ペア対話を入れましたね。田中先生は常々「安易にペア対話を入れるな」とおっしゃっています。

🟧 算数の場合、思考が広がる段階でのペアトークには意味がありません。授業の中で議論が白熱し、クラスの半分以上の手が挙がり、多くの子どもが意見を言いやすい場面になったら、「お隣と話し合ってごらん」とペアトークをもちかけてみるといい。停滞した授業を華やかにするための苦しまぎれのペアトークは要注意だと思います。

🟥 16本になるといった後で、「三六16」という発言がありました。あのときに「先生、三六を言いたくなった気持ちはわかるんだ」とフォローし、そのあと授業の最後の方で、三六16と言った子を指して正解を言わせ、サラッと名誉挽回をさせました。さすがだな、と思って見ていました。田中先生の授業は、学級づくりにもそのまま直結するところが多いから、いつ見せていただいても勉強になります。

🟧 ここでようやく3×5+1の式が出ました。聞き取りと再現に時間を割くと、こんなに時間がかかるんです。

「最初の四角の1本だけ取って、三五15にその1をたして16」S君が言っている1本取る、というのはどこのことだ?

「ストップ!」「そこ!」「4本のうちの1本を取ればいい」「1個目が4本だから1本取ればいい」

縦の1本を取ると、あとは3個ずつに見えるの?「3つずつを囲めばいいよ」

これがいくつあるの?「5つ」だとすると、この1はこれだね。ほかの数え方した人いる?

「3つのを三四12で数えて、四角の4をたせば12＋4をして16」なるほど。今度は1本をくっつけて、3、3、3、3と4で16。面白いね。

はじめに見せた赤い棒には、本当は、四角に続きがあるよ。最後に見せて終わるね。「あと3がいくつ増えるか」「あ、全部で10だ!」

「3が5つ増えた」じゃあいくつ?「28」「32」増えた数の3がいくつあるかがわかればできるよ、というところまでは気づいたよね。全部で四角は何個あった?「10」10個だと何本になりそう?

「32」32本かな?「31」え? 31? 絵に描いて考えてごらん。よく頑張りました。ノートにハンコを押すから、もっておいで!

🌀 3×5＋1の話が出た時点でも、まだわかっていない子どもの姿が見えたので、「1本取る、というのはどこのことだ? 先生がさーっと指さすから、ストップと声をかけるんだぞ」と言って、注目させました。

🌀 「みんなが言っていることをわかりやすくするためにはどうすればいい?」と言って、3個ずつ囲ませました。あそこでようやく3×5＋1が見えた子もいましたね。

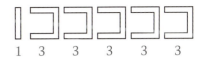
1　3　3　3　3　3

🌀 最後にもう一度スクリーンに映し出したら、実は四角に続きがあって、四角は全部で10個だった。子どもたちは3個ずつ増えることをわかっていたから、「3, 3, 3, 3」とつぶやきながら画面を見ていました。

🌀 3年生でも、ちゃんと変わり方の決まりがわかっていましたね。

🌀 5から10に増えたときに16本で32本!と答えた子がいました。これも必ず出てきます。ここで新たな課題ができて本時は終わりです。こちらについてはシンポジウム（p52-59）でお話ししていますので。

第3学年算数科学習指導案

授業者　筑波大学附属小学校　田中博史

研究主題　聞き取る力と再現する力で、仲間と共に育つ確かな学力

1．題材名　赤い棒の本数は何本？

2．研究主題について

　算数でも言語活動の大切さが言われて久しい。確かに知識は自分の言葉で表現し直してみて、初めて自分のものとなると思われるから、子どもたちが自分の言葉で話すことは大切である。しかし、ただ話せばいいのではない。子どもたちの対話を組み立てていくという意識で説明活動を位置づけないと、単なる発表会のようになってしまう。

　私は、子どもたちの対話を次の二つのステップを意識して向き合っている。

　一つ目は、友達の話をまずは本当に正確に聞き取っているかどうか。二つ目の吟味のための活動はその後に始める。通常、誰かが話すとすぐにその内容が正しいかどうかの吟味が始まったり教師によってまとめてしまったり説明し直したりすることが多いが、まずは子どもたち本人に発言者の内容を確実に聞き取ったかどうかを確かめる場面を大切にするのである。吟味のための話し合いが始まっても問題点自体が共有されていないと意味がないからである。これは話し合い活動を学力定着に結びつけるポイントの一つである。「聞く」活動を「聞き取る」活動にまで高めたとき子どもたちの自力学びの力は大きく伸びる。

　本時で扱う問題は、教科書でも扱われているし、全国学力・学習状況調査などでも注目されたシンプルなものである。このようなシンプルな問題場面でさえも実は子どもたちの中には参加できていない子がいることを認識し、授業づくりのあり方を見直すことが大切であることを伝えたい。本時では、赤い棒で構成された正方形の連続図形が、何本のマッチ棒でできているかを考えるのだが、思考→式、式→思考の読み取りという双方向の活動のどちらが子どもたちの活動を活性化するか、子どもたちの状態を観察して取り入れてみる。

3．指導計画

　本時は、飛び込み授業のために特設した時間である。

　教科書単元では「変わり方」に該当する問題である。ただ本時では、事象の変化そのものよりも「式を読む」、「式に表す」、「式を使う」などの場面において、友達の説明活動をきちんと全員が「聞き取っているかどうか」「理解しているかどうか」に焦点をあてる。

4．展開案

○めあて

　正方形の連続図形に用いた棒の本数を考える活動を通して、友達の話を互いに正しく聞き取ることの大切さとむずかしさを知り、式に表すこと、図に表すことで友達の思考を読み取り、さらにその式を使うと別の問題を解くことにも役立つことに気がつくことができる。

学習活動	活動を支える教師の役割
1. マッチ棒を並べたときの本数を予想させる。  C すぐに消したからよくわからない。 T 覚えていることはないかな。 C 正方形になっていた。 C 正方形は5つあったのはわかった。 2. 自分の数え方を発表する。 T 赤い棒は何本ですか。 例 C 20本。 C 正方形が5つだったから。 C ぼくは16本だったと思う。 T 自分の考えを式にしてみよう。 C 4×5＝20 C 正方形が離れていたらそうだけど…。 C 5＋6＋5＝16 C 3×5＋1 3. 正方形の数が増えた場合について考える。 T 正方形の数が5こではなく、10こだったら答えは何本になるのでしょう。 C 16本の2倍で32本。 C いや違う。重なりがある。 C さっきの解き方や式が使えるよ。	問題はぱっと見せて、すぐに隠す。イメージをもとに数を連想させたい。 こうすることによって正方形をもとにした数え方がいろいろとつくられていくことが期待できる。 全員がノートに図を描いて数えたあとで問題を確かめる。 式や図で表す活動をさせ、それを読み取ることをさせてみる。友達の話を聞き取ることのむずかしさを体感させる。 見方によっては、あまりのあるわり算の確かめ算と同じ仕組みをもつ式もある。 再現活動にはペアでの対話やグループ内での対話を行わせ、活動頻度、参加頻度を高める。 2の活動の聞き取り活動が十分に行えていないと考えたときには、3の活動に入らず個々の習得と定着に焦点をあてることも念頭におく。 新しい問題に出合ったとき、事前の問題の解決策を利用しようとするかどうかをみたい。

シンポジウム

～飛び込み授業を終えて～
全員参加の授業をつくるには

司会：山口県周南市立徳山小学校
　　　教頭　中村正則
シンポジスト：田中博史・桂　聖

◎理解が遅れそうな子を想定して

中村：まずは国語の桂先生からお願いします。
桂：「三つのお願い」は4年生の文章です。4年生の教材を使って、5・6年生レベルの主題を考える授業をしました。

　全員参加の国語授業づくりというテーマで、3点あります。一つ目は「足場かけ」。

　内容盛りだくさんの授業を、どういうふうに進めていくか。担任の先生に伺うと「主題という言葉は教えたが、それを覚えているかどうかはわかりません」という話でした。それで、まず「この作品の主題は？」と聞いて、子どもたちがどんな反応をするかを確かめました。

　大人にとっても、作品の主題はむずかしい。だから「足場かけ」が必要です。今回は、内容の確認、中心人物の変化から足場かけをして、最終的に主題を考えることになります。

　読むことの授業で、私が大事にしているのが、この作品だけで終わらないということです。「三つのお願い」の主題の捉え方を、ほかの教材でも使えるということ。たとえば、中心人物の変化から捉えるとか、はじめの部分だけではわかりにくいとか、具体的すぎるのはだめだとか、「三つのお願い」特有の主題を考えるのと同時に、ほかの物語でも使える読み方を指導しています。

　この教材で特有な価値は、登場人物ゼノビアとビクターの関係。表面的に読んでしまうと、友達関係と親友を並列や同等の関係として捉えがちですが、「ハリウッドまでついておいで」とか「出て行ってよ」というような関係が混じっている。でも最終的には、ビクターのことを思い出し、「帰ってきてよ」と関係が変わったところが、この物語ならではの主題に関する「足場かけ」になっています。

　二つ目が「話したくなる」「考えたくなる」場をつくるということです。「変なところは？」とたずね、語句を置き換えることで内容や変化を確認し、さらに主題の選択肢をつくりました。「これは違う。どうしてかというと」と、子どもたちが話したくなる、考えたくなるような場を意図的に設けました。

　この教材は翻訳のせいもあるのか、友達と親友の言葉の意味が違います。「こんな親友の関係になることが大切だね」とあえて揺さぶることによって、同等な関係が非常に重要だということを発見できるようにしたつもりです。

　三つ目は「理解が遅れがちな子」を想定し

て共有すること。親友といっても、普通の親友ではないことを全員が理解するために、その意味の違いを解釈することを想定しました。時間の関係で、あまりできませんでしたが、この三つのことに注意しながら、今日は授業をつくったつもりです。

田中：「足場」をたくさんやろうとすると、どうしても大人の方の関わりが大きくなって、子どもの方が受け身にならないでしょうか？　子どもたちがアクティブにはなっていなかったことを、どのように捉えていますか？

桂：授業のねらいは、登場人物の関係が変わったことだけでもよかったですね。すると、もう少し子どもの話を聞いたり、揺さぶりをかけたりできた。主題の捉え方をゴールに決めていたので、どんどん進めてしまったことは問題だったなと思います。

田中：アクティブになるようなしかけを今後どう考えていったらいいと思いますか？

桂：選択肢に関する理由を互いに交流させる。「ハリウッドに連れていく」とか、「出て行ってよ」とか、そういう根拠を子どもたちから出すように仕向ければ変わるかな、と思います。

田中：いちばん最後、主題のところのやり方はいいと思いました。去年の講座の際、「教師がすべてまとめてしまって、教師のまとめをただ写すだけにしてしまうと力はつかない。まとめの段階でさえも、教師がしかけをしたらどうか」ということを言った。たとえば教師のまとめが間違っている、どこか一か所だけ矛盾するところがある、それを子どもが示せるかどうかを見て、実は適用問題をやっているのと同じ価値があるようにできるはずではないか、と話したのですが、4つ見せて、5つ目、実は正解がない。だから自分たちでつくろうというのはいいと思う。でも、つくる段階で子どもに丸投げになっていないでしょうか？　そもそも、選択肢の種類の違いは？

桂：どの選択肢も話の内容に関係があって、意味が違うようになっています。

田中：「友達として大切なことは」を主語とすると、つながらないものもありますね。文章としては成立しているものにして、だけど「このお話からすると」というように設定しないと。彼らは、「このお話だから変だよ」ではなくて、「親友とは」と自分の考えを言っていた。それを桂先生は否定していない。この中から理由を選びなさいとは言っていないでしょ？

桂：どうしてだめなの？　ということで話を聞いたつもりなのですが。

田中：「親友とはそういうものではない」と、自分の考えをしゃべっていた。それは、この物語がなくてもしゃべれるよね。「私の親友論」のようなものだから。

桂：見下しているからダメだという話も一応していたんですけれど。自分の話をしている子もいましたね。

◎さらなるステップアップを目指して

田中：最後の選択肢で間違ったものを示したけど、「じゃあ、つくってみよう」というステップが高すぎる。間違いの要素がバラバラではなくて、どれかとどれかを組み合わせるとうまくできるといった工夫がほしい。いくつかの要素を混ぜると、質が上がるというような

選択肢があってもよかったのでは？

桂：子どもの書いたものを共有するだけで1時間とってもよかったですね。なんでこう書いたんだろう、中心人物の関係からみれば確かにそう言えるよね、とか。

田中：二人の関係を図に表して変化を考えさせたとき、最初の子が「④番から変わった」を「⑤番から」に変えた。そこをそんなに話し合いはさせなかった。必要ではない？

桂：そうですね。ゼノビアとママとの話の中で、ママが話しただけ、ビクターがいたわけではないので、変わっていくのは人間関係。

田中：ということを子どもたちに話し合いさせるべきですよね。「お母さんはそう言っているけれど、本人はまだそんな気持ちにはなっていない」ということが浮き上がってこないと。

桂：「確かにここで変わったよね」と言いきったほうが、「え、まだそこでは変わっていないんじゃないの」という話が始まりますね。

田中：文章に返って考えたほうがいいな、と思いました。全体的に選択肢パターンが多いので、選択肢のタイプは子どもが先を乗り越えられない。だから、桂先生が後半でやった「実は選択肢にはないよ」というのも必要でしょう。新しいものをつくるときに何か役立つものがあると、さらにステップアップができるしかけになるかな、と思いました。

中村：この段階で主題の捉え方を学ばせて、次の授業になるときに、主題についてはまた次の足場があるのでしょうか？

桂：気持ちの変化とか関係の変化とかが、物語の特徴なので、基本はそこから考えていきます。その上で、題名から主題を考えていくとか、結末の意味から考えていくとか、対比的な作品構造から主題を考えていくとか、バリエーションをだんだん増やしていくことが大事です。今日は時間の都合上扱いませんでしたが、「三つのお願い」の中でいちばん大切なお願いは何でしょう、という問いかけをすることもあります。今日は主題までやろうということで、教師が引っ張っていくことが多くなりました。

田中：桂先生の望む主題のサンプルEは何も書いていませんが、大人が聞かれたら、何と答えますか？　このかっこの中にどんな言葉を入れたら桂先生にほめてもらえるか。あの会場に子どもとして座っていたら、自信がないな、と思いました。あのリード文が邪魔なので限定されてくる。もしも、自分が当てられたら、「友達として大切なことは」に続けて何と言いますか？　ご自分で書いた主題をお隣と見せ合って、発表していただけますか？

会場：友達として大切なことは「対等な関係」

会場：友達として大切なことは「お互いに大切に思いあう関係でいること」

田中：ありがとうございました。というように、いろいろな発表があったとき、桂先生はどうやって評価するのでしょう。どんなふうになれば、より質が上がったと評価するのでしょうか。

桂：きっかけ、終わり、に注目するということが大事。それから見下している状況から同じような立場、対等な関係ということ。だからお二人ともすごくいい。

田中：文章の中に関係が入っていればいい？

桂：同じような関係という意味になっていればいい。

田中：子どもたちも「先生、どんなふうになっ

ていればいいの？」と聞きませんか？

桂：同じ目線、同じ関係、対等な立場、一緒の思いを共有するという意味が書けていればいい。ただ、間違いの例で出したように、親友になるとかはこの話では違うので、それは×。

田中：こう書いてほしい、という正解例は？

桂：こう書いてほしい、というのは無いですが。

田中：それは持たないといけないと思います。あいまいに要点だけを言うのではなくて「自分ならこう書く」と一度はちゃんと自分の考えを書かないといけないと思う。

桂：「友達として大切なことは上下関係ではなくて、対等な関係になることです」という意味になればいいです。

田中：この主題ってそれでいいのかな？ みんなはどう思いますか？ という議論をしても面白いですよね。主題って何だろう。あの場面で、あの子が対等になったのは、母親に諭されたことがきっかけですよね。

桂：そのあと、いろいろ思い出して。

田中：本当はどっちに注目させたいんだろう。

桂：両方でしょう。だから、一応その両方が出てもいいように、カードを出して…。

田中：今のようなことは、この文章を読んで、普通に出ると思うのね。一人で読んだ後でも書けるでしょ？ いまのが結論だとしたら。

桂：子どもは関係に注目する。親友だって書いてあるから、この二人は親友なんだな、というように、表面的に読んでいるので、関係を本当の親友とか、友達とか際立たせることが大事なことだと思っています。

田中：選択肢がなくても、読後感はきっとそこだろう。すると、手立てを与えることで、新鮮な読みを逆に邪魔していないだろうか。

中村：主題の話は迷走しそうなので（笑）、そろそろ算数の話に移りたいと思います。

◎いちばん困っている子を表に出す

田中：私の方は全国学力・学習状況調査にも出てくる通常の梯子を数える問題です。通常、この授業は自力解決させて、子どもたちが書いた何パターンかの式の思考方法はどうか、ということで展開することが多い。でも、これだと、いちばん困っている子が表に出てこないので、私は、まず瞬間的に見せて、子どもたちが必ず間違えるだろう、というものが最初に話題になるようにしています。

$4×5$ が必ず出てきますが、瞬間的に見たから、間違ったかもしれないとすると、$4×5$ が恥ずかしくない。長くずっと見てからだと、考え方の違いになって、誤答となりますが、瞬間的に見たから見間違いにできます。

次に、間違っている部分と本当の問題の違いを話題にすること。後半は子どもにまかせましたが、よく起きるのは、くっついている場合、くっついていない場合の差の4本はどこに生まれたか、という話題。

今日のように、別の数え方でやって、3個ずつが浮き彫りになったり、上と下の変化で数えようとしたり、いろいろな解決の仕方があるんです。その時間に子どもたちが話題にしたことで、後半は展開することにしています。

全員参加のポイントは、苦手な子たちや、その瞬間に戸惑っている子どもたちに、実際に自分でやらせる、ということだと思います。

今日の子たちが立派だなと思うのは、「わ

からない」とか「困っている」とちゃんと言えたこと。ニコニコしながらやっていました。「重なっているのと重なっていないのと、違いがあることがわからない」と言った女の子を前に出させて、梯子の形を、棒を使ってつくらせました。でも、多分、あのまま全部棒を使って並べたのでは、何故だかわからない、と思ったので、途中で止めました。

　自分は意識していないけれど、無意識でやっていること、「無意識の認識」を自覚させてやるために、最後の正方形1個分の前で止めて「あと何本ほしい？」と聞いたら、彼女が「ああ、そうか。要するに3本ずつなんだ」ということに、あの時点で気づいた。でも、人の話を聞いているだけではわからない。やってみないと実感しないのです。

　いちばん後ろの子は、自分でノートに描いたときに「違いがある」と気づいた。手を挙げて頑張っている以外の子に、自分でやらせる時間をもつか、がポイントだと思います。

桂：非常に優しい、温かい授業で「さすがだな」と。あえて苦手な子とか間違えやすい子を取り出して、みんなで共有する方法は学級経営につながるな、と思います。

　結局どんな数え方でもいいというお話でしたが、今日はここまでいきたい、という想定はなかったのでしょうか？

田中：今日は、変わり方の授業というよりは、聞き取る力・再現する力に焦点をあてました。子ども、とくに苦手な子は、説明を何度聞いてもわからない。だから、自分も聞き取りをしなければだめだと思わせて、再現させる。「もう一回言ってごらん」とすると、考える。桂先生の授業でも「主題を皆さんで書いてください」と一人にさせると、考えるでしょう？　そのあと指名されたら、ものすごく考える。しっかり脳みそに汗をかいている。苦手な子たちは脳みそに汗をかこうとしないので、いくら言っても同じ間違いをくり返す。彼らはそうした生き物なので、そうした特性を考えて接しないとだめです。

　今日は、題材はなんでもよかったので、あえて3年生単元ではないものを持ってきました。4年生、5年生でやる内容でもちゃんと彼らに仕組みが見えたでしょ？　シンプルなもの1つでいい。その代わり、人の話を2か所、聞き取り、再現をさせてみた。

◎子どもの状況に合わせて展開を変える

桂：すごい授業だなと思うのですが、もし、ここは失敗したな、というところがあるとしたら、どこですか？

田中：ずっと「Fさんの発言を活かす」という発言が出ないかなと思っていた。「Fさんの発言が活かせないかな」という一言を私が言っていいものか、子どもから出てくるのを待つべきか、と逡巡していたのだけれど、実は3×5＋1の話が出てきたときに、3×5＋1のことでさえわかっていない子がたくさんいたので、3×5＋1の話に時間を使いました。Fさんの考えを使ったら、あの重なりの部分をひけばいいから、20－4が出てくる授業にするという手もある。

　大人は、すぐに3×5＋1が出てくると思ってしまうけれど、この授業を全国いろいろなところで5年生、6年生にやってみても、不思議な捉え方をする子がいっぱいいます。今日も、あの問題をノートに描こう、と言ったら、

大きく四角を描いたがために、一列に入らなくなって、横に2つ描いて、真ん中に2つ描いて、下に1つ描いている子もいました。それでこの問題を考えようとしているということは、重なりなんて考えていない。

ばらばらでも、つながっていても、本数が変化することに気づいていない。今日はその子たちを中心にしようと思ったから、Fさんの考えはきっかけとしてだけ使いました。

桂：最後にまたFさんの考えをもってくるということですか？

田中：3×5＋1が出てくる前に、「じゃあ、Fさんの考えは使えないんだね」と揺さぶりをかけて戻して、Fさんの考えを捉えなおして、重なりの話題にすればよかった。そこはちょっと反省点ですね。3×5＋1の話になるとまた長くなるんだよな、と心の中で思いつつ、聞いちゃったからしかたがない。たった2つでも、ちゃんと聞き取ったかどうかを確かめながらやると、45分かかるんですね。

Mさんのときも、実は4×5＝20と言っているんです。それでみんなうなずいている。ちょっと間をおいて「うーん、違うんじゃないの？」と言うまでに数秒かかる。だから、あの時点で「MさんのとFさんのとの違いはどこにあるか図で考える」という展開でもいい。棒を使わないで「MさんとFさんの本数で、Mさんのほうが少なくなるというのは何故だろう」とやって、あの2つの図だけで考える時間を使うという手もあった。

中村：違う子どもの発言が出てくるときに、子どもたちに委ねていくと、教師の思惑ではない発言が出てくるときがありますよね。授業の場面でそうした状況になったとき、田中先生は言ってしまわれるのでしょうか。

田中：重なりの説明はちょっと高度だな、分けて3本ずつにするほうが、彼らにとってはハードルが低いだろうと思った。実際3×5に来たから、そちらにしました。4年生だったら重なりの話題にしてもいい。

中村：ある程度、自分でここまでもっていこうと考えていても、子どもたちの実態によって、次の時間に回したり、ということは往々にしてある、ということでいいんでしょうね。

田中：4年生や5年生で「変わり方」の授業としてやるときは、1つ目でいくつ、2つ目でいくつ、3つ目でいくつ、というように変化を見せていく。たとえば5個のを見せておいて、実際はパッと見て6個になっている、という展開でもいい。「ああ、ごめんね。もう一回やり直さなければいけないね」と揺さぶって「先生、3たせばいいだけだよ」と言わせれば浸透します。じゃあ、7個は？10個は？「先生、全部3たせばいいんだからできるでしょ！」と子どもたちが言うことで、仕組みは見える。でも、変化の決まりを表に出すのであれば、事象の変化がいくつかないとだめです。今日は、変化は5と10しか見えていないから。

実は5と10とやったときに、16本で32本と言ったでしょ？これも必ず出てきます。1つの大きな塊がもう1個あると考えて、また重なりの話題が出てくることになる。もう一回復活して「重なりを考えるので言ったら、Fさんのが使えるね」と時間が許せば戻すこともできるかもしれない。ただ、3年生だとここまででよいのかな、と思います。

◎「聞く」活動を「聞き取る」活動に高める

中村：学び方を子どもたちに考えさせていくことが、子どもたちの自力学びにつながっていくということが理解できました。田中先生の指導案（P50-51）の中に、「『聞く』活動を『聞き取る』活動にまで高めたときに、子どもたちの自力学びの力は大きく伸びる」とありますが。

田中：人は誰かから説明を受けたときに、わ

かった気になってうんうんとうなずく。うなずいた子に「いまどんな話だったの？」と当てると、多くの子どもが「えっ？」と言う。つまり、もう一回自分で言うとは思っていない。

今度は当てられて、なんとか、しどろもどろになりながらもしゃべったとしましょう。「ではいまお話ししたことをノートに書いてごらん」と言うと、またできないんです。聞いてみてわかったつもりのことなのに「話してごらん」と言うと話せない。何とか話したことを、次に「書いてごらん」と言うと、また書けない。

先ほど桂先生に「主題を問うなら自分も書いてみたほうがいいですよ」と言ったのも同じことで、要旨や骨子でイメージをもっていて、わかっているつもりでいても、いざ書こうとすると、そこには書けない自分がいることに気がつく。子どもたちにもそこに気づいてもらうことが大事だと思う。

友達同士で話し合う、ということも大切だけれど、必ず最後は一人にする。最後一人になるときには、もう聞けないということが授業の中で何度もくり返されると、「ああ、この授業では、今のうちに話しておかないと、最後に一人で書くんだな」と、子どもも考えるようになる。

桂：一つ一つ、本当に聞けているかどうか、本当に書けているかどうか、詰めがすごいな、と思いました。私の授業は、最終的に子どもたち一人ひとりが自力解決すればいい。だから「主題って何だろう。自分なりに書いてみましょう」と言ったときに、書ける子がどれだけいるかという話です。みんなで中心人物の変化や主題の捉え方を話し合ったうえで、「じゃあ、自分だったら主題をこう書く」と最後に自力解決できたほうがいいかな、と思っています。私も最後は一人にするという

ことが大事だと思っています。

中村：ありがとうございました。では、最後に会場の先生方から質問があれば、どうぞ。

会場：配布された指導案に「思考→式、式→思考の読み取りの双方向の活動のどちらが子どもたちの活動を活性化するか、子どもたちの状態を観察して取り入れてみる」とありますが、授業で感じられたことを教えてください。

田中：今日は両方あったと思います。最初、4つの塊だとすると3ずつになっている、と言葉で話しました。板書にある「はじめは4本、あとは3本？」の部分。でも、式にはできていないんです。あとから式にすると、3×4＝12で12＋4＝16だから、あの子が言った通りに書くとしたら本当は4＋3×4です。

もう一つ、3×5＋1の式ができたときに「1はどこにあるんだろう」と聞いたところが式から思考の読み取りをした部分。友達のシンプルな表現からほかの表現につなぐという活動、今日はどちらもあったと思います。

通常この授業では、式をいろいろ出して、この式の考え方はどうでしょう、こちらの式の考え方はどうでしょう、と下に図を描いて説明するパターンが多い。そういう展開も4年生、5年生では意味があります。ただ、今日の授業では式がつくれていない子をどうやって参加させるか、というところに視点を置くべきだと考えて、いちばん苦手な子どもの話が話題になるようにしました。

4×5＝20から「実は4×5＝20という式を書いている人がいるよ。この人はどんなふうに図を描いていると思う？」と戻してもいい。そしてFさんのような図があとから出てくるように仕向けていくこともできますね。

会場：自分だったら…と考えて、田中先生の細やかな心配りが大変勉強になりました。最後

に子どもたちが、四角形の数に注目して、「四角形の数がわかればいいよ。3個ずつだから四角形がいくつ増えたかがわかればいいよ」と言いましたが、もし最後まで言葉として出てこなかったら、先生はどうされたでしょうか。

田中：この場合3個ずつはすぐに出ると思っていました。ずらしていったときに「あ、3個ずつ増えてる」「それを使えばできるよ」と言っていたので。

ゆっくりと動かしたために3個ずつはよく見えたのでしょう。前に座っていた女の子は「3+3+3…」とつぶやいていましたね。

3個ずつの仕組みが見えるように動かしていくところがポイントだったと思います。

会場：桂先生に質問です。めあてで「主題は」はむずかしいと思いましたが、いろいろなしかけの中で、どんなふうに考えたらいいのかを明示的に示されたことで、子どもたちも考えることができていました。最後には個々に主題を書けていたようですが、主題に向かっていくのは大変です。子どもたちの必然のある読みというか、目的意識としてもちにくいところかな、と思うのですが、単元として流すときに、どのように子どもたちに主題を学ぶ目的意識をもたせていくのか、を教えていただければ。

桂：主題の必然はむずかしい。たとえば「やまなし」を読んだときに、子どもたちは「これって、何が言いたいの？」と必ず言います。それが結局主題に関わることだと思う。「やまなし」を授業で取り上げることを通して、作品の設定、視点、表現技法、中心人物の変化、主題までやったとして、いま学んだ主題の捉え方で、宮沢賢治のほかの作品を読んでみよう、という流しが自然かな、と思います。

田中：桂先生はすごく準備をしていましたよね。あれは全部使うつもりだったんですか？とくに最後のところ。使わないと主題という話にならないと思ったのでしょうか？

桂：主題を自分でどう考えるか、やはりむずかしいと判断したので、選択肢を出したのですが。

田中：私は桂先生を見ながら「まずいな。何も持ってこなかったぞ。準備不足か…」と反省し、教材室に行って赤い棒を借りてきたんです（笑）。実は、いままで棒を使ったことはなかったのですが、桂先生に用意周到な部分を学ばせていただいた1時間でした。

桂：棒はよかったですよね。前に出た子が棒を並べるとき、みんなが集中して見ていました。

中村：このお二人だからこんな授業ができる…ではなくて、我々も今日学んだことを生かしていけたらいいなと思っております。お二人に盛大な拍手を。

ありがとうございました。

第3章 田中博史 の実践講座

「全員参加」の授業をつくる

●場面の中に自分を置いたら…

　ある学校の3年生に飛び込み授業をしたときのこと。
「42人の子どもがかけっこをします。コースは5コースまであります。何回レースをすればいいでしょう。」という問題を出しました。
　42÷5＝8あまり2とノートに式を書いた後で、子どもが得意そうに
「先生、8レースと言ってしまいそうですが、残りの2人も走らなければいけないので、8＋1をして、9レースです」と言いました。みんなニコニコとして、手を膝の上に置き、姿勢を正してこちらを見ています。

　誰か一人くらいは、この現実の問題場面を想像して「何か言うかな」と期待したのですが、みんな「9レースです」「私も9レースです」「ぼくも9レースです」と言うんです。
　マグネットを持ってきて、1レース目、2レース目と並べ、「このつぎ誰かやってくれる?」と、操作させてみました。
　並べ終えてはじめて、子どもたちが「かわいそう!」と言い出しました。「何がかわいそうなの?」と聞くと、「だって先生、最後の子たち2人だよ」と言うんです。やっとイメージをもってくれました(笑)。
　すると聞いていた女の子が「1人後ろに移ればいいじゃん」とつぶやきました。

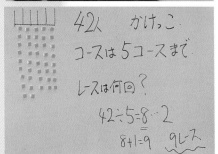

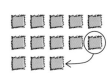

「1人後ろに移ればいいの?」
「うん。この子が後ろに移ってあげて3人なら楽しいよ」
「それならもう1人移ればいいじゃん!」と別の子。
　こうして、5人のチームが6つ、4人のチームが3つなら楽しいよ、ということになりました。現実に、その場面の中に自分を置いてイメージしたから、「解決策は変えないといけない」と子どもが思ったのです。
　でも数字の上だけだったら42÷5＝8あまり2　8＋1＝9で済んでいたのです。

現実の問題解決に役立てるには、子どもたちがその中の解決策について、自分をその中に置かないといけない。数字や言葉で表されたものを頭の中でイメージ化することがやはり大切だなと思ったのです。

　さてこの後、子どもたちの解決策はどのように変わっていくでしょう。
　子どもたちに「それでも、4人で走る子がいるんだよね」と問い直してみました。すると、「私、2人で走るのは嫌だけど、4人になるなら4人組に入りたい」と言う子が出てきました。
「どうして」と聞くと、「遅くても4位になれる」と言うのです（笑）。
「そうか、でも4人のチームは3レースしかないなあ」と言うと「増やせばいいじゃん」と言って、4人のレースを増やすためにブロックを置き換えます。こうしてほとんどが4人のレースで、5人は2組だけという組み合わせもできました。
「全部4人にしてあげようよ」と言って4人組を10つくったあとで、また2人余ってしまうことにようやく気づく子もいました。実際に動かしてみないと、こうして気がつかない子もいるのです。

「じゃあ42人だと、みんなが思うように平等に走ることは無理なのかな」と言ってみます。するとまた「1人移ればいいじゃん」「また3人ずつやれば」と言いはじめ、ここで急に子どもたちに火が付きました。
「あ、面白い！　先生、このあと、3ずつだといけるよ！」
　実は、操作によって42÷3を導いているのです。

　わり算の勉強というと、すぐに筆算をやったり、あまりの処理を具体的に教えたりしがちで、どうしても彼らが具体的にイメージをもとうとしてくれない。いや、もしかしたら私たち大人が早くから形式に行かせすぎてしまうから、イメージをもたないのではないか、そんなふうに考えています。

　そこで、わり算の学習でも、やはりイメージづくりが大切だと思って、カルタ教材をつくることを考えてみました。こういう教具を使った活動だと、多くの子どもが参加しやすくなります。
　では早速体験してもらいましょう。

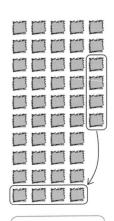

こうすれば4人のレースが増えるよ！

●子どもの戸惑いを学びの材料に

　では、4人組をつくって、黄色のカルタを並べてください。読みますよ。「10個のあめを2人で同じ数ずつ分けると1人分は何個になりますか」

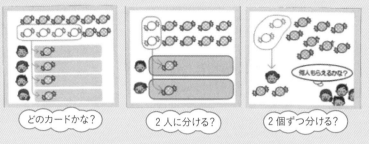

どのカードかな？　　2人に分ける？　　2個ずつ分ける？

－カルタ探しに戸惑うグループがあちらこちらに－

　皆さん結構悩まれていますね（笑）。実は子どもたちとやるときも、悩むのは同じです。耳で聴きとった情報の中の、どれか1つの数字だけ、「2人」とか「2つずつ」とか「2つに分ける」とか、その1部分だけの情報を、まず手掛かりにしようとするからです。

　2つの情報を人間が同時に見て処理するのは、いささか高度なことなのだと思ってあげたらいい。だから割合の授業で、比べられる量、もとにする量と、2つ出てくると、その関係を把握するのが大変なんです。

　いま「12個はおかしい」と言っている人は、最初の「10個」という数字をちゃんと聞いていた人です。では、文章をもう1回読みますね。「10個のあめを2人で同じ数ずつ分けると1人分は何個になりますか」

　いかがですか？　こんなに短い文章でも、読み取ろうと思うと、結構大変でしょう？　絵を選べば確かに読み取っているかどうかがわかります。文章題の書かれたプリントをやって、何問か丸付けするだけで、わかっていると判断はできません。出てきた数字を使って式をつくるのは、実は簡単なのです。でも場面がイメージ化できているかというとそうではないのです。

　誰かが読んで、お話のイメージを浮かばせて、絵を見て関係を考える。こういう遊びを通じて、子どもたちが文章と絵をつなぐことをたくさんやってくれるといいなと思います。

　計算や技能はくり返してやりますが、考えるとか説明するということが案外くり返されていません。授業中に誰かが出てきて「これはこうです」と発表したとしても、発表の頻度が少ない。カルタのときには、トラブルが起こると子ども同士が懸命に説明し合っています。自然にくり返して説明する機会ができるのもカルタ遊びのよいところです。

●全員参加のためのスモールステップを意識して

　9でわるわり算にはあまりに面白い決まりがあります、という授業をよくします。53を9でわるとあまりが8、42を9でわるとあまりが6、61を9でわるとあまりが7
「先生、面白い。十の位と一の位をたすと、あまりの数になってる」
　3年生や4年生のスタートのときや研究授業などでもよく使われます。でも、だいたいは決まり発見で終わってしまう場合が多いですね。
「ねえ、先生。面白いけど、どうして？」
「÷8や÷5でやってもそうはならないのに、なんで÷9だけなるの？」
この質問に、私たちはどうやって答えるでしょうか。
「そうね、それはまた、もう少し大きくなってからにしましょう」と言って逃げてしまうのでは勿体ないですね。そこで、彼らがその決まりに気づけないか、と思って、カードの図に一工夫してみました。

　なぜ十の位の数字と、一の位の数字をたしたものがあまりになるのでしょうか。この絵を見て理由が説明できたら、一歩前進だと思いませんか？

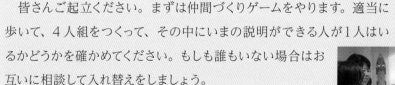

42÷9＝4あまり⑥　　53÷9＝5あまり⑧　　61÷9＝6あまり⑦

　では、大人も挑戦してみましょう。4人組で説明し合う活動を紹介します。いまペアトークが流行っていますが、隣の人がいつも説明できるとは限りませんよね。いきなりペアトークをやるのは、かなりクラスの子どもの参加度が上がっていないと無理なので、最初は4人ぐらいがいいです。そしてまずは一斉授業で4人の中のうち最低1人は説明できる人がいるようにします。全員参加の授業にも、こうしてステップを考えることが大切ですね。

　皆さんご起立ください。まずは仲間づくりゲームをやります。適当に歩いて、4人組をつくって、その中にいまの説明ができる人が1人はいるかどうかを確かめてください。もしも誰もいない場合はお互いに相談して入れ替えをしましょう。
　子どもの場合は「私、説明できるよ！」という子に任せていいです。大人ですから、じゃんけんで勝った人に説明してもらいますが、勝った人が「えー、私説明できないの…」と不安な顔をすることがあるでしょう。そのときは残りの3人がうまくアシストしてください。

教え合い活動は、1人が一方的に教えるのではなく、聞き手も一緒に説明者の立場になることが大事です。ちょっとよくわからないんだけれど、と言ったらカードをもちながら「ここにヒントがあるよ」とグループの仲間がアシスタントになってくれればいいですね。説明タイム、どうぞ。

―カードを手に説明する人をアシストする仲間たち―

では、次のグループに引っ越します。またお散歩をして、違うメンバーで4人組をつくります。今度はさきほどじゃんけんで勝った人は除いて、まだ説明していない人達でじゃんけんをして説明者を決めてください。

―うまくいって拍手をするグループがあちこちに…―

だいぶ浸透してきましたね。数学的にはこれで半分の人が説明したことになります。それでは、もとの座席に戻ってください。

教室でもこんなふうに立ち歩かせて、4人グループを2回経験させます。すると、1回目は聞き役だった子が、2回目はその前に聞いた友達の上手な説明をまねて、お話ができます。伝言ゲームのようなものです。2グループでの活動を経て、自分の席に戻ったら、ここで最後の確認をします。お隣同士でいま聞いてきたことを再現させるのです。「私が入ったグループでは、こういう説明を聞いた」でもいいし、「いまの私ならこんなふうに説明できる」でもいい。隣同士でお互いに説明し合います。すると、1回目に聞いている、2回目に聞いている、3回目で自分のものにする、ということで、かなり広がります。少しずつ全員が参加できる土壌ができてきたでしょう。

これでもまだ話せない子はいるでしょう。そこは教師の出番です。

私たちは一斉授業の中で、いちばん教師の方が関わらなくてはいけない子どもに、やはり関わり続けなければいけないと思います。授業中にそういう子どもたちから逃げて行ってしまうと、一見授業はきれいに流れますが、子どもたちはその教師に対して、「ああ、この先生は、あの子たちは置いていくんだな」と感じてしまうのです。この教師の姿勢が参加しなくて済む子をつくる源になっていることに気づくべきです。

逆にクラスの中でいちばん目立たない子に、その先生が関わり続けたら、「この先生は、このクラスの全員を連れて行こうとしているな。だとすると休憩できないな」と学ぶのです。

子どもは友達の扱われ方を自分の身に置き換えます。全体が叱られているときは聞かないけれど、友達が名指しで叱られたら、次は自分かも、と身構えますね。そのことで引き締まる。ほめられるときも同じです。

「ああ、この先生は、苦手で『わからない』と言った人にあんなに関わってくれる」と思ったら、彼らの参加意識は大きく変わります。

● 成就感を味わわせて意欲を引き出す

今度は図形の授業を紹介しましょう。いまから方眼用紙を配ります。1辺が5cmの正方形を1人6枚ずつつくってください。

カードを使った授業の場合、事前にカードを用意しておく先生方が多いと思います。でも、私は1年生であっても自分でつくらせます。普段からサービスしないようにしておけば、子どもが自分でつくるようになります。自立させるにはあまり世話をしないこと。最初から全部お膳立てをするという文化から脱却したほうがいい。

4人グループで、真ん中にいまつくった正方形のカードを置きましょう。じゃんけんして勝ったら1枚もらいます。次に勝って1枚もらったら、辺と辺がくっつくようにしておきます。またさらに勝って1枚もらったら、辺と辺がくっつくようにしておきます。3枚で1点分にします。ルールはそれだけです。

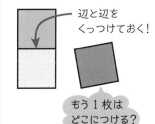

また勝ったら、別の形をつくってください。ただし、2つ目の形は、最初の形とは違うものになるようにつくってください。いいですね？　わかりましたか？　第一段階やりましょう。
「勝ったときに勝ちは1人だけですか？　勝った人全員ですか？」

いい質問が出ましたね。勝ったときに最後の1人までにするのか、勝った人が全員もらえるようにするのか。どっちが楽しそう？
「勝った人がみんなもらえるほう」

じゃあそうしようか、とルールは子どもたちとつくっていけばいいんです。最初から、先生の決めた通りにやるのではなくて、質問が出るように仕向けて、子どもと対話しながらルールを決めていくというように育てる。すると、算数の授業中も気軽に質問ができるようになります。

得点は何点になりましたか？

「最初につくった形とは違うものをつくる」と言いましたが、子どもたちの中には、向きが違うだけで実は同じ形になっているものをつくり続ける子もいます。

ここで話題が2つ出ます。

「先生、でもさ、これ以上できないんじゃないの？」という話が必ず出てきます。

もう1つは「これとこれは同じ」「回転して同じならば、同じじゃないの？」という話題。2年生でも1年生でも必ず出ます。

5年生の合同で教えるような感覚は、実は、今のような遊びをするだけで自然に話題になります。

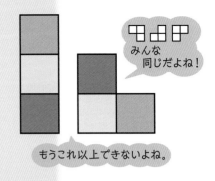

これはトリミノ（トロミノ）といって、3枚の正方形をくっつけるとどうなりますか？　という遊びです。ミノは正方形という意味です。回転させた形も同じと見たら2種類しかできません。もう1枚くっつけると、皆さんよくご存知のテトリスのゲームで使う図形になります。

では、4枚の正方形の同じ辺の長さ同士をつけると何種類になるかつくってみましょう。

実は3枚のときには起きなかったトラブルが4枚目に起きて、5種類か7種類かに分かれます。

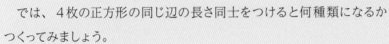

平面上を回転して同じになるものは同じとみなしますが、空間を回転して裏返した形を同じと見るかどうかで変わります。

「裏返したら同じだよ！」

「ひっくり返して同じなら、同じ形じゃないの？」

などと話します。平面図形なのに3次元を経過してひっくり返したものを同じとみなす。これは子どもにとってはすごく高度なことをやっているのかもしれませんね。

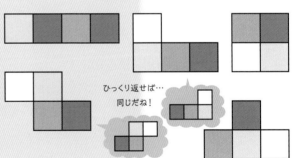

では、今度は以前卒業した6年生が開発した、立方体の展開図の正方形を交互に1つ動かし、別の展開図をつくっていくという将棋のような遊びを紹介します。

立方体の展開図は11種類ですね。4人グループで、展開図が同じにならないようにつくってみましょう。つくったものから順番に1人が1枚だけ動かして、別の展開図をつくってください。完成形がグループ内で同じにならないようにしながら、グループで順に回していって、動か

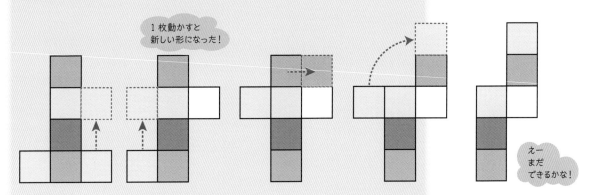

せなくなったところでアウト。これだけでもずいぶん頭を使うはずです。

この遊びでも「一度使った形は使えないことにしよう」と子どもたちが決めて、ゲームを高度にしていきました。

初めのゲームはシンプルにしておいて、ルールを子どもたちに変えさせていけばいい。こうすれば、すべてのことを楽しくなるように先生がお膳立てしなければいけない、という思い込みから脱却できます。

教師が1人で楽しませようと頑張り続けるのではなくて、教室の中にいる子どもたちの豊かなアイデアを使えばいいと考えるのです。

「先生これではつまらないよ」と言ってくるのを待って、「どうしたらいいと思う？」とたずね、クラス独自の面白いゲームにしていくといいですね。

テトリスや立方体のゲームは2年生の箱の勉強のときにも使えます。正方形を並べて遊んでいるときに「先生、これ三角形でやったら面白いよ」「三角形でやったら枚数が増えるから」と言い出しました。2年生では直角三角形の勉強もしますから、ちょうどいいですね。

今度は直角三角形で遊んでみましょう。手元にある正方形に対角線を引いて三角に切ってしまえば、途端に枚数が増えます。直角三角形にしてください。

では、つくった直角三角形を真ん中に集めてください。本当はゆっくり子どもたちとゲームを育てていくのですが、時間がないので、じゃんけんで勝った人が1枚ずつ取っていきましょう。同じ辺の長さ同士でくっつけるのがルールです。4枚でできる形を順番につくっていきます。ほかの人がつくった形はつくることはできません。何ポイントできるでしょうか？

先ほどテトリスと言いましたが、テトラが4、ミノが正方形ですから、テトラミノが正しい名前です。今度は三角形が4枚。三角形はボロですから、テトラボロと言います。テトラボロは何種類になるんだろうか、というのが課題になります。

いまいくつできていますか？ 10、11、12、どこまでいくかな？

いま会場から三角形の枚数がたりないという声がしました。教室でも、子どもたちから「先生、三角形を増やしたら、もっと種類が増えるよ」という声が出るのを待って、「じゃあ、三角形をつくっていいよ」と言って枚数を増やしていきます。

最初からお膳立てをしたうえで、何種類あるでしょうか？ とやるのではなくて、ゲームでたりなくなって、自分たちで追加するように仕向けます。何枚追加するかは自由です。

これでテトラボロすべてだ！と思ったら言ってください。

―盛り上がる場内―

さて、どうですか。そろそろ整理しないとわからなくなってきましたね。では、つくった形をよく見てください。子どもは「正方形があるものとないものがある」と言っていました。

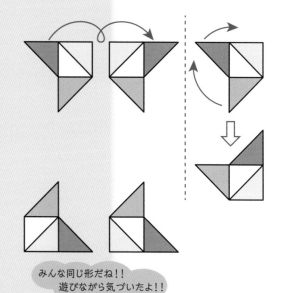

みんな同じ形だね！！
遊びながら気づいたよ！！

そこで、正方形があるものはいくつ？ とたずねると、「先生、正方形にも種類があるよ」「いや、先生、種類じゃない。正方形の個数にも違いがあるよ」と視点も整理されます。

正方形が2個のものが1つ、大きな正方形が1つ、小さな正方形が1個のものが7つ、あわせて9つです。これとは別に、正方形ができないものがありますね。

さて、テトラボロは全部で何通りでできるのでしょうか？

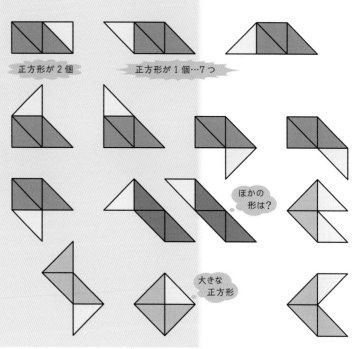

正方形が2個　　正方形が1個…7つ

ほかの形は？

大きな正方形

テトラボロは、実は右のように14

通りできます。ただし、この結果が大事なのではなく、皆さんが整理整頓しようとした動きに意味があるのです。

場合の数の学習を6年生でやりますが、小さいころからこういう遊びをいっぱいやっておくといいのです。

たとえば3枚の数字カード ①②③ を使って整数をつくります。何種類できますか？ とやっているときも実は同じ。2年生でもできますよね。目の付け方を変えて、分類できて整理されると、わかりやすくなった、という体験をくり返させればいいのです。日々の授業の中で種まきをしていただきたいと思います。

この活動を活用の視点から見つめ直してみます。直前にやった3枚の三角形を使って整理するという発想です。

3枚のときには右の4通りできますから、子どもたちの中には「3枚のものに1枚つけ加えていく」という発想でつくる子が実際にいました。

また、直角三角形の辺に着目すると斜辺の部分同士をつけているものとつけていないもので整理することもできます。

正方形が2個のものは斜辺を2回くっつけている、正方形が1個のものは斜辺を1回くっつけている、斜辺同士をくっつけていないものが正方形のないものと大きな正方形、という整理もできます。

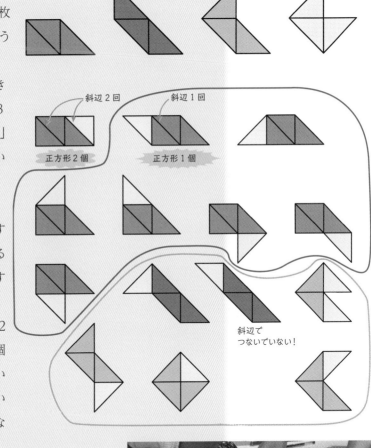

「先生、くっついている斜めの辺の数と正方形の数は同じになるよ！」という発見に、ほかの子たちにも火が付きます。

「等しい長さの辺、直角二等辺三角形の二等辺の部分がくっついている個数で調べてみても面白いね」と言いました。

図形の学習で、平行四辺形の並行の組数を見て、1個だったら台形、2個だったら平行四辺形、とやりますね。

　多くの先生方が、これらは教科書に書いてあるから大事な学習だと思っています。でも、図形の勉強で大事なことは、自分で視点を決めて分類したら、何か決まりが見えてきて、すっきりしたという経験をさせることです。

　ここまでに紹介した活動は、遊びの中で上の学年にいったときに役立つ見方、考え方を培っているところがポイントです。全員が参加できるようになるには日常活動の中で参加できるための基礎体験を増やしておくことです。

●算数の面白さを感じさせるには…

　では、最後に直角三角形を使って、もう一度立方体づくりをしてみましょう。

　直角三角形を立方体ができるだけの枚数集めてください。何枚必要ですか？

「12枚！」

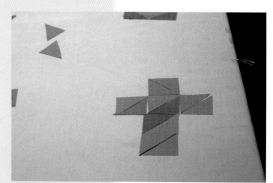

　12枚を立方体の展開図になるように置いてください。十字でも案山子型でもシンプルなものでいいです。

　そこから三角形を1枚ずつ動かしていくけれど、組み立てたときに立方体にならなければいけない、という遊びをします。

　動かしたら後から変更はできません（笑）。何回か動かして、ストップと言ったときに、組み立てて立方体になればOKです。正方形の部分がだんだん少なくなるように、見た目はかなり立方体らしくない、不思議な展開図をつくっていきましょう。

―不思議な展開図づくりに盛り上がる場内―

　立方体の切り開きは、辺だけでなく、面も切り開いていくと、こうして不思議な形ができます。

　正方形の工作用紙、直角三角形の工作用紙、ただそれだけ使うだけで、こんなにいろいろな思考活動ができるということを楽しんでいただければ、と思って紹介しました。

教室の中に、数字カードや工作用紙を置いておいて自由に遊ばせてみてください。工作用紙の正方形や三角形を組み合わせて遊んでいるうちに学びに向かうための土台となる経験がどんどんできていくのを実感できると思います。

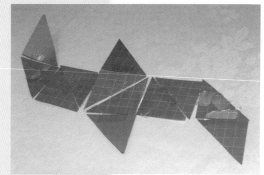

　実は、7,8年前までは、算数の授業で立体の切り開きのような活動をみんなで楽しんでやっていました。ところが、基礎・基本が大事だといわれるようになると、途端にこういうことを全然体験しなくなってしまったように感じます。

　先生方の中には、教科書の中の単元の学習が大事だと思っていて、単元と単元の間においてある面白い教材や教科書の巻末にある教材を「おまけ」のように思っている方が多いようです。
　でも、実は面白い世界を楽しむために、単元の中で基礎力をつけているのです。

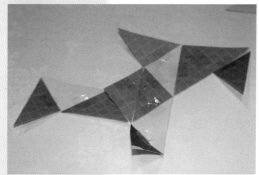

　単元の中の基礎力をつけるところだけに重点を置きすぎているから、算数や数学の面白さにたどり着かないまま1年間を終わってしまう。算数も「いずれこういう面白い世界に行くためにいま基本をやっているんだよ」と見せてあげないと、算数＝辛い、訓練だ、というイメージがつきまといます。
　基礎・基本＝つまらない学習というイメージをもたせすぎではないでしょうか。

　新しい学習指導要領が「学びに向かう力の育成」を大切にしていると聞きます。もう一度、私たちは自分の授業を見つめ直し、子どもが意欲的になっているか、面白がってくれているか、一人ひとりが参加できる環境になっているか、と問い直していくことが必要ではないでしょうか。

（2016年7月23日　長州田中桂塾・山口、2016年8月5日　実践講座・埼玉より採録）

第3章

桂　聖 の実践講座

全員参加の
　　国語授業づくり
~国語的態度の育成（国語授業UDバージョン3）~

●授業のUD　バージョン1・2・3

　授業のユニバーサルデザイン（UD）は、どのクラスにもいる発達障害の可能性のある子を想定して、楽しく学び合い「わかる・できる」授業づくりを目指しています。参加、理解、習得、活用の4段階があり、参加は学習環境や学級づくり、そのうえに理解のUDがあり、習得や活用一身につく・実生活にも使えるというのが最終的な目的です。

　中でも、1時間の授業がわかるという理解レベルのUDが重要です。

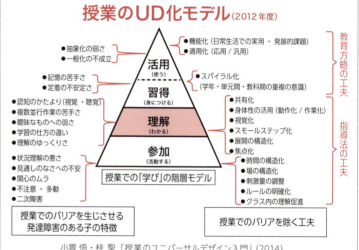

小貫 悟・桂 聖『授業のユニバーサルデザイン入門』(2014)

そのために、国語の場合、「論理」を授業の目標にして、授業のねらいや活動をしぼる＝焦点化（シンプル）、視覚的な手掛かりを効果的に活用する＝視覚化（ビジュアル）、話し合い活動を組織化する＝共有化（シェア）を大事にしています。これが私が考える国語授業UDのバージョン1です。

　物語文の「論理」では、①作品の設定②視点③表現技法④中心人物の変化⑤主題が大事です。物語文の授業を一言でいうと、1年生から6年生まで気持ちの変化を指導していると考えていただいて結構です。1・2年生では大まかな変化、3・4年生では「はじめ」「きっかけ」「終わり」、5・6年生では作品の主題が付け加わる。これは、学習指導要領にある「自分の考え」にあたります。

　また、子どもたちが楽しく学べるようにするためには、「教材のしかけ」が必要です。特に国語の場合は、ただ教科書を読んで「この気持ちはどうですか」「気持ちはどこで変わりましたか」と発問していっても、子どもはなかなかついてきません。課題を共有化し、さらに理解を共有化するためにも、この「教材の10のしかけ」は非常に有効な手立てになります。

◎「論理」を授業の目標にする
　◆焦点化（シンプル）
　◆視覚化（ビジュアル）
　◆共有化（シェア）

教材の10のしかけ
① 順序をかえる
② 選択肢をつくる
③ 置き換える
④ 隠す
⑤ 加える
⑥ 限定する
⑦ 分類する
⑧ 図解する
⑨ 配置する
⑩ 仮定する

これが国語授業UDのバージョン2です。

ただ、意図的に教材のしかけをつくっても、思考の幅がせまくて、行きつくところはだいたい決まっています。多様な考えが出にくい。国語の授業では、もう少しゆとりをもって、子どもの言葉を聞き、楽しみながらやりたいですよね。そんな授業を目指したのが、今回お話しする習得や活用までを目指したバージョン3の授業になります。

実際の授業では、子どもたちの理解を確認しながら授業を進めます。特に、つまずきがちな子どもの苦手と長所を踏まえながら、どう個別に関わっていくかを考えることが重要です。全体指導を工夫しながら、授業内で個別に指導し、それでもむずかしい場合は授業の前後で個別指導する、この3段構えで、通常学級におけるすべての子どもたちを指導していこうというのが授業UDの基本的な考え方です。

● 予想をしてから読む・いいところを選ぶ

いまから2年生の物語文の授業につき合っていただきたいと思います。最近私がやっているのは、読み聞かせの授業です。普通、読み聞かせというと、読んで感想を交流して終わりです。しかし、私の場合は、1時間の授業で、ある程度論理的に読んだり、表現の効果を考えたりできるようにします。

今日の物語文は「ミリーのすてきなぼうし」（平成27年度版 光村図書2年上）です。ご存知の方？ ーパラパラと手が挙がるー

こんな子が出てきます。ー右の挿絵を見せるー

「九万九千九百九十九円でございます。」と店員が言います。でもミリーの「おさいふの中は空っぽ」。この場合は、マイナスとプラスで言うと、マイナスの場面でしょうか。プラスの場面でしょうか。

そう、マイナスですね。うちのクラスでは、1年生のころから、マイナス、プラスという表現に慣れているので、こうした場面で問いかけると、子どもたちは「マイナス」と言います。

では、この話がいまからどうなっていくか、予想してみてください。マイナスの場面がこのあとどうなるか、隣の人にお話ししてください。

ーペア対話タイムー

インタビューしてみましょう。先生はどんなお話を考えましたか。

「『帽子は買うことはできないわ、じゃあつくるしかないわ』と言って、つくったら、素敵な帽子ができて、それを見た帽子屋さんが『なんて素敵な帽子なんだ。九万九千九百九十九円で売ってください！』と言い、『これはお金では売ることはできない素敵な帽子よ！』と言って終わる」

> **ワンポイントアドバイス！**
> 読書はするけれど読解につながらない、という国語授業の問題があります。たとえば2年生の物語文「お手紙」（光村図書）の読解でしたら、アーノルド＝ロベールの作品を読んでみよう、というように他の本との出会いを広げることが大切です。

―会場から大拍手―

すごいですね、こんな短時間にお話をつくってくださいました。いまの話の中に、マイナスからプラスが入っていましたが、わかりましたか?

すると、他の子から、「最初は買えなかったけれど、結局帽子をつくって、プラスになった」という話が出る。それが「マイナスからプラスを聞き取る」ということです。また、マイナスからプラスという話がでましたが、そのきっかけは何でしたか?

そう、「自分でつくる」ことでしたね。物語文を想像するときには、「どんなマイナスからプラスになるかな?」「そのきっかけは何かな?」と想像するように仕向けることが大切です。

では、読んでみたいと思います。私のクラスでは、読み聞かせを「さっちゃん劇場」と名づけています。「3、2、1、さっちゃん劇場!イェーイ!」と大きな声で叫んでスタートします。やってもらっていいですか?

会場「3、2、1、さっちゃん劇場!イェーイ!」 ―会場から大拍手―

今日のお話は「ミリーのすてきなぼうし」です。

―全文を朗読―

とても、すてきな話でしたね。では、場面をお見せしますので、女性の方はミリー、男性の方は店員の会話文を読んでください。

❶	❷	❸	❹	❺	❻	❼
ミ「はねのついたぼうしを見せてください。」 店「はい、ただいま。」 ミリーは、おさいふをひらいて見せました。中は、空っぽです。 ミ「はあー、そのぐらいですかー。」	店「じゃあ、これにしますわ。」 ミリー「じゃあ、これにしますわ。」	店「おきゃくさまのそうぞうしだいで、どんなぼうしにもなるすばらしいぼうしです。」 ミ「とってもいいかんじです。」	ミ「もっともっとたくさんはねがついてるの」 そう、クジャクのぼうし。 ●●ケーキのぼうし ●●花でいっぱいのぼうし ●●ふんすいのぼうし	そのときです。ミリーは気がつきました。みんな、ぼうしをもっていたのです。 それぞれちがったぼうしでした。	おばあさんのぼうしはくらくてさびしい水たまりでした。 ミリーがおばあさんにほほえみかけると、おばあさんのぼうしの中から鳥や魚がとび出して、ミリーのぼうしにとびうつりました。	ミリーはうれしくなって、うたをうたいました。 すると、おばあさんのぼうしもいっしょにうたいました。

❶〜❼の何番がいいな、と思いましたか?

❶がいいな、という方。0

❷がいいな、という方。1人

❸がいいな、という方。結構多いですね。

❹がいいな、という方。5人

❺がいいな、という方。これも結構たくさん。

❻がいいな、という方。これも結構たくさん。
❼がいいな、という方。4人。

　自分がいいなと思った番号と、その理由を隣の人に説明してください。
　では、少ないところから。❷番を選んだ先生。
「私は❷番を選びました。普通は、お金を持っていないのにお店に行ったら、店員さんはいたずらで来ちゃだめだよ、と追い返しそうな感じだけれど、話に合わせてくれたから❷にしました」

——シーンとしている会場に「反応、反応」とリアクションを促す——

　うちのクラスでも、店長さんの人物像にいいな、という子がいましたね。

　では、❼番を選んだ方。
「私も歌って、帽子も歌ったらハモれると思ったからです」
「ミリーは❻番のところで、自分がしたものが人に影響することに気づいて、❼番で私がうれしくなれば、周りの人もうれしくなる、とミリーがみんなに幸せを分け与えたいと思ったから❼番がいいな、と」
「私は単純に帽子が歌を歌うなんて、いいな、と思ったので」

　ミリーがいちばんうれしいところは、結局何番でしょうか。❼がいちばんうれしいかもしれませんね。

　では❹番を選んだ方、立ってもらっていいですか。
「自分が興味が向いたことによって、自由に帽子が変えられるのは楽しそうだな、と思ったからです」
「はじめて、自分の思いが帽子になるということが実現したから」
「羽根の帽子が進化してクジャクの帽子になる発想が面白かったから」
「私もいろんな帽子をかぶりたいなと思ったからです」
「ミリーの想像力がすごくて、もはや帽子ではないものをかぶっているから、このあとの展開は何でもありだな、と楽しみになったので❹」

　❸を選んだ方は、どうして選びましたか?
「想像しだいで、どんな帽子にもなるという発想が面白い」
「店長さんは、アイデアマンだと思ったからです」

　このアイデアがあるからこそ、プラスになっていったんですよね。

ちなみに、マイナスは何番でしたか？　ちょっと残念な場面は？
「❷番」
　では、プラスになったのは何番ですか？　❸から❹にかけてですよね。このあたりが非常に重要なんですが。「はじめ、きっかけ、終わり」の気持ちの変化が❷から❹になります。

　じゃあ、❺番を選んだ方、お願いします。
「いままで知らなかった自分に気づけたから❺にしました」
　いままで知らなかった、ってどういうことですか？
「いままで、みんながいろんな帽子をもっていることに気づかなかったから」
　自分の帽子の話からみんなの帽子の話になりました。ここで話が広がっていますね。

　最後❻番を選んだ方。
「さびしそうなおばあさんにミリーが幸せを分けてあげるのがすばらしいと思いました」
　そうですね。でも、ここだけ変ではないですか？　❻番がなくてもよくないですか？　❻番は暗くて寂しい感じ。ほかは楽しい感じだから、❻は、とくになくてもいいんじゃないですか？　お話してみてください。
「❻番は、想像力が人を幸せにしておばあさんが喜んでくれたことで❼番の『ミリーはうれしくなって』につながるから、❻番はあったほうがいいと思います」
　これまでとの違いは？
「人に影響するというか、広がっていくようなイメージがあります」
　いままでは、自分だけで帽子を想像していたけれど、❻は人に影響を与えるということで、これまでの帽子とは違いますよね。

	終わり				きっかけ	はじめ	
❼	❻	❺	❹	❸		❷	❶
ミリーはうれしくなって、うたをうたいました。すると、いっしょに	おばあさんのぼうしはくらくてさびしい水たまりでした。ミリーがおばあさんにほほえみかけると、鳥や魚がとび出しておばあさんのぼうしにとびうつりました。	そのときです。ミリーは気がつきました。みんな、ぼうしをもっていたのです。それぞれ ちがったぼうしでした。	ミリーはねがっているそう、クジャクのぼうし。●●ケーキのぼうし。花でいっぱいのぼうし	店 ミ「おきゃくさまのそうぞうしだいで、どんなぼうしにもなるすばらしいぼうしです。」ミ「じゃあ、これにしますわ。」		店 ミ「あのー、このくらい。」ミリーは、おさいふをひらいて見せました。中は、空っぽです。ミ「はあー、そのくらいですかー。」	店 ミ「はねのついたぼうしを見せてください。」「はい、ただいま。」ためしてみると、ぴったりです。ミ「じゃあ、これください。」

●読みが変わっていく面白さ
　さて、このお話には帽子がずっと出ていますが、こういう表現の特徴

を何というか知っていますか？
「くりかえし」

　他にも、くりかえしの話は、たくさんあります。何か知っていますか？　たとえば「おおきなかぶ」。おじいさん、おばあさん、まご、いぬ、ねこ、ねずみ、いちばんそのなかでポイントになるのは、どれでしょう。完璧な答えはないですが…。
「私はねずみかな、と思います。小さな力でも最後に加わることで大きなことにつながるかな、と思うから」

「おおきなかぶ」は、ねずみが小さな力で引いているのがすごいですよね。くりかえしでポイントになるところが主題につながると考えられないでしょうか。「ミリーのすてきなぼうし」でも、おばあさんのところは大事。くりかえしの中でちょっと違う。この授業のねらいはくりかえしの効果です。くりかえしにはポイントがあるんじゃないの？　他には、どんなくりかえしのお話を読んだことがある？　その中でどんなくりかえしがポイントだった？　という聞き方をします。すると、読み方が少し変わる。

　また、マイナスだったのがプラスになっていくことも、子どもの意見を聞きながら確認していきます。

　そして、授業の最後では、「いいところは何番です。どうしてかというと…」と、友達の話を聞きながらまとめてみましょう、と言って、ノートに感想をまとめます。

　最初に感覚的に思っていたことが、少し変わったのではないでしょうか？　これが感想が深まるということです。

　感想を何人かに発表させた後に、「実はお話の続きがあります」と紹介します。読みますね。

> ◎ミリーのすてきなぼうし
> おはなしのいいところは？
> いいところは……です。
> なぜかというと、……だからです。

　そうしてミリーは、いえにもどりました。でも、ぼうしが大きくなりすぎて、中に入れません。ミリーは、ちがったぼうしを　そうぞうしてみました。
　ミリーはいえに入ると言いました。
「ママ、わたしの新しいぼうし、見て。きれいでしょ。」
「新しいぼうし。」
ママは、ちょっとびっくりしています。だって、ぼうしなんかどこにも―。
ママ[　　　　　　　　　　]

この後の、ママの会話文を想像してみてください。ママはなんと言ったでしょうか?

「ママは『すてきな帽子ね』と言って終わると思います」

どうして?

「『どこにあるの?そんな帽子』と言うとマイナスになってしまうから。お母さんの優しさもあるからミリーは優しくて想像力豊かな子に育っているというお話であってほしいな、という希望もあって」

なるほど。全然違うお話を考えた方は?

「新しくなくても、あなたの帽子はいつも素敵よ」

プラスにほめる感じですね。マイナスの方はいらっしゃいませんか?「なにそれ、そんな帽子あるわけないじゃないの」というような(笑)。では、この続きはまたの機会に(笑)。

「えー」―場内からため息がもれる―

気になる方は、ぜひ読んでみてください。こうして、子どもたちにも次の国語の時間をワクワクしながら受けてほしいな、と思います。

●評価や解釈が変わっていくことで学びの理解が深まる授業

授業は「きっかけ」です。アクティブ・ラーニングが盛んに言われていますが、本当に大事なのは、授業が終わってから動き出す子どもを育てることではないでしょうか。そのためにどうすればいいかを考えたのが、国語授業UDバージョン3です。

バージョン3の3つの観点は、主体性、多様性、協同性。

主体性とは、選択場面をつくる。何かを選ぶ。筑波大学附属小学校の現在の研究テーマは「きめる」学びです。「きめる」学びがテーマだからではなく、私は以前から「子どもが何も選んでいないな」「お客さんだな」「授業が他人事になっているな」と問題意識をもっていました。何かを「きめる」「選ぶ」ということは、自分事になるために必要だと思います。だから、あえて選択場面をつくる。

読む力には3つのレベルがあります。1つ目は「確認読み」。何がどう書かれているかを読む。ミリーという女の子がいた。店長さんがこんなことを言った。こんな帽子になった、これらはみんな確認できる。

2つ目は「解釈読み」。そのときどんな気持ちだったのか、主題はどんなものか、と解釈する。解釈には答えがありません。

3つ目は、「評価読み」。「面白い」とか、「面白くない」と評価する読みです。

国語授業 UD ver.3

◎**国語的態度の育成** (授業はきっかけ、アクティブ・ラーニング)

◆**主体性**
　＊選択・決定の場面
　＊活用場面
　＊揺さぶり発問

◆**多様性**
　＊評価読み1→評価読み2(着眼点を子どもに委ねる)

◆**協同性**
　＊問題→多様な(異質な)考え→学び合い(聞き合い)
　　→解決
　＊学び合いのストーリーを支える教師の役割
　　(少数意見→多数意見、揺さぶり)

そして、マイナスからプラスが面白いなとか、この辺のくりかえしが面白いなとか、おばあさんの帽子に魚をあげたところがすごくいいなとか、評価の理由が変わる。評価の理由が、確認や解釈です。評価の理由として、確認や解釈が変わることが、物語を読む力が高まるということです。説明文も一緒です。

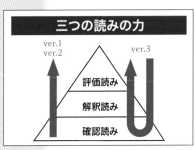

三つの読みの力

バージョン3の授業は、評価から入って、確認、解釈して評価に抜ける授業です。いちばん最初に聞いた「作品のいいところは?」はどこを選んでもいい。でも、友達の話を聞きながら、くりかえしがあるなとか、マイナスからプラスになっているな、といって評価の理由が変わっていく授業です。「どんなところが面白い?」と感覚的に捉えたうえで、友達と交流する中で、仕組みの面白さを再発見する授業をしたいと思います。

初めに主体性についてです。主体性を育むには、揺さぶり発問が効果的です。「おばあさんの話は暗いから、別に無くてもいいんじゃないの?」と一回揺さぶっておいて、「いや、いる」どうしているの? というふうに、問い返すことによって、意欲や思考の活性化を図る場面をつくるといいですね。

次に、多様性についてです。バージョン1の確認読みから入っている授業では、多様な考えになりにくい。それぞれの子どもがもった素朴な感想や多様な考えの違いを聞き合い、学び合い、問題を解決していく授業をいま目指しているところです。

最後に、協同性についてです。こうやって子どもが感じるいいところを調べると、はじめ、きっかけ、終わりのどこが多くなると思いますか? 終わりとか、きっかけが多くなります。すると、少人数が選んだところから聞いていくと、おばあさんの場面、つまり、山場のところが授業の最後のあたりに来る。教えたいことが授業の最後のあたりに来るのが、自然な流れでいいんじゃないかな、と思います。

単元としては、いまお話ししたのが第一次の1時間目で「くりかえしの面白さ」、次の時間に「結末の面白さ」を学習する。第二次では「くりかえしのある様々な物語文を読む(2時間)」、第三次では「物語の面白いところを紹介し合う(2時間)」という流れになります。

物語文の読書感想文では、はじめ・きっかけ・終わりのどこを書けばいいでしょうか。やはり大事なのは、プラスになるところ。感想が集中しやすいところです。だから、物語文における、きっかけや終わりに注目して書いたほうが、感想文としてはいちばん大事なところを書いていることになる。感想の捉え方・書き方にもつながる授業です。

> **ワンポイントアドバイス!**
> おすすめは「マイ本箱」。学級文庫というと、共有の本が30冊、40冊とあるのが普通ですが、自分が読みたい本を家から5冊もってきて、あるいは図書室で5冊借りてきて、マイ本箱をつくろうということです。うちのクラスでは、5冊×32人の本が教室にあることになります。「この本貸してね」「面白そうだね」と、自然に交流が始まりますよ。

> **単元「くりかえしの話」を読もう(5時間)**
> ◆第一次
> ①「ミリー」くりかえしの面白さ
> ②「ミリー」結末の面白さ+「くりかえしの話」並行読書
> ◆第二次
> ①②他の「くりかえしの話」を読む。※図書室や家の本
> ◆第三次
> ①「くりかえしの話」の面白いところを紹介し合う。

●評価から入っていく説明文の授業

では、「どうぶつ園のじゅうい」(平成27年度版 光村図書2年上)を黙読でお願いします。

❶ わたしは、どうぶつ園ではたらいているじゅういです。わたしのしごとは、どうぶつたちが元気にくらせるようにすることです。わたしのしごとある日のわたしのしごとのことを書いてみましょう。

❷ 朝、わたしのしごとは、どうぶつ園の中を見回ることからはじまります。なぜかというと、元気なときのどうぶつのようすを見ておくと、びょうきになったとき、すぐに気づくことができるからです。また、ふだんからわたしの顔を見せて、なれてもらうという大切なりゆうもあります。(中略)毎日、「おはよう。」と言いながら家の中へ入り、声もおぼえてもらうようにしています。

❸ 見回りがおわるころ、しいくいんさんによばれました。いのししのおなかに赤ちゃんがいるかどうか、みてほしいというのです。(中略)まちがいありません。おなかの中に、赤ちゃんがいました。

❹ お昼前に、どうぶつ園の中にあるびょういんにもどりました。けがをしたにほんざるが、くすりをのまないと、しいくいんさんがこまっていました。(中略)えさの中にくすりを入れてのませようとしても、すぐに気づかれました。(中略)こなをはちみつにまぜたら、やっと、いっしょにのみこんでくれました。

❺ お昼すぎには、ワラビーの家に行きました。はぐきがはれているワラビーが見つかったので、きょう、ちりょうをすることになっていたのです。(中略)三人のしいくいんさんにおさえてもらって、ちりょうをしました。

❻ 夕方、しいくいんさんから電話がかかってきました。ペンギンが、ボールペンをのみこんでしまったというのです。(中略)大いそぎでくすりをのませると、ボールペンが出てきました。早めに手当てができたので、ペンギンは、そのあとすぐに元気になりました。

❼ 一日のしごとのおわりには、きょうあったできごとや、どうぶつを見て気がついたことを、日記に書きます。毎日、きろくをしておくと、(中略)よりよいちりょうをすることができるのです。

❽ どうぶつ園を出る前には、かならずおふろに入ります。どうぶつの体には、人間のびょうきのもとになるものがついていることがあります。だから、(中略)どうぶつ園の外にもち出さないために、おふろで体をあらわなければいけないのです。

❾ これで、ようやく長い一日がおわります。

全部で9段落。ペアで速読を競争します。段落ごとに交代です。順番を決めて速読。上位5組までのペアで終わります。用意、スタート!

―速読で盛り上がる場内―

1位のペアは1分25秒でした。(拍手)どうしたら、いちばん早くて1分25秒かかった話を、私に1分以内で伝えることができますか?
「要約する」
そうですね、2年生の教材ですが、3年生の授業なら、大事なところだけ1分以内に伝えるといった、要約の勉強にも使えます。

さて、「どうぶつ園のじゅうい」の説明のいいところは何でしょう? 全体的に説明のいいところをお隣と交互にお話ししてみてください。

―ペア対話―

いまの説明のいいところを見つけて話していただきましたが、これがイコール学力です。いいところと、その理由がどれだけ言えるか。これが学力です。論理を読む授業をしていると、次第に論理に着目できるようになります。評価読みは誰でもできるけれど、その理由の中にその人の学力が表れる。説明文も物語文も、評価の理由を磨いていくのです。

また、文章を読む前には、予想をすることが非常に重要です。問題意識のないまま、教材を与えているから、理解も進まないのです。
「どうぶつ園のじゅうい」では、こんなふうに進めました。まず、「こんな事件が起きました」となげかけます。

●ペンギンがボールペンを飲んでしまった。みんなが獣医だったらどうする？
●おなかに赤ちゃんができたんです。みんなが獣医だったらどうする？
●どうぶつが薬をのんでくれない。みんなが獣医だったらどうする？
といったように、しっかり予想をもたせてから、じゃあ、獣医さんはどうしたかな？　と読み始めると、理解も進みます。

　そんな第一次での教材との出会いをさせた上での第二次❷❼❽段落の授業を紹介します。
　さて、❷段落の説明のいいところは何でしょう。何番目の文がいいと思いますか？①，②，③，④，⑤，⑥、自分がいいと思うのは何番目ですか？

❷段落

① 朝、わたしのしごとは、どうぶつ園の中を見回ることから始まります。

② なぜかというと、元気なときのどうぶつのようすを見ておくと、びょうきになったとき、すぐに気づくことができるからです。

③ また、ふだんからわたしの顔を見せて、なれてもらうという大切なりゆうもあります。

④ どうぶつたちは、よく知らない人にはいたいところやつらいところをかくします。

⑤ そこで、わたしの顔をおぼえてもらって、あんしんして見せてくれるようにするのです。

⑥ 毎日「おはよう。」と言いながら家の中へ入り、声もおぼえてもらうようにしています。

①番目の文　パラパラ
②番目の文　結構多いです。
③番目の文　ちょっと。
④番目の文　2人
⑤番目の文　2人
⑥番目の文　5人

どうしてそれがいいのか。隣の人に説明してください。
　①番目の文がいいと思った人、手を挙げてください。この人たちは、どうして①番目の文を選んだと思いますか？　想像してみてください。友達の発言の続きを想像することは、田中先生がよくやられる手法ですよね。
「①番の文が見回ることの大切さということが出ていて、②〜⑥がその具体的な理由のような気がしました」

　どこが理由の文でしょう。②番の「〜からです」が理由ですね。③番も「大切なりゆう」と書いてありますね。⑤番も「〜のです。」とあるから理由ですね。「〜のです」「〜からです」という文末表現は、この学習の前に、2年生の説明文「たんぽぽのちえ」（光村図書）で勉強しているので、着目しやすいですね。

②番、③番、⑤番が理由と言われましたが、④番も⑥番にも「のです」「からです」も、理由という言葉もありません。④、⑥は理由ですか？

④番の「つらいところをかくします。」を「どうぶつたちは、よく知らない人には、いたいところやつらいところをかくすからです。」と読んでみましょう。おかしくないですよね。

同じように⑥番目の文も変えてみましょうか。「しています。」を「しているのです。」にして読んでみましょう。

「毎日、『おはよう。』と言いながら　家の中へ入り、声もおぼえてもらうようにしているのです。」

いかがですか？　実は、④番も⑥番も理由です。理由には「〜のです。」「〜からです。」を使わなくても、理由になる文がある。隠れ「〜のです。」隠れ「〜からです。」です。つまり、❷段落では、いちばん言いたいことを最初の文に書いて、その他は理由を書いているんですね。

子どもたちは「顔を見せる」「声も覚えてもらう」となっていて、「声も」だから、全部つながっている、と言いました。

隠れ「〜のです」。隠れ「〜からです。」に注目して読むと、他の段落も読めるようになります。続けて❼❽段落も読んでみましょう。

❼段落の2文目は「〜のです。」で、理由になっていますよね。

❽段落には3文あります。3文目は「のです。」がついていますね。では2文目はどうでしょうか？　隠れ「〜からです。」ですね。つまり、言いたいこと・仕事があって、そのあとに理由が書いてあります。

こうした書き方は、説明のいいところの一つですよね。そこで、授業の最後には、その説明のいいところをノートにまとめます。

このように「説明のいいところ」と評価読みから入って、確認や解釈をするという授業もやられてみてはどうでしょうか。ねらいをしぼることができていれば、教師は気軽に子どもたちの話を聞きながら、授業を進めることができるのではないか、と思います。

最後に、全体の文章構成を確認しましょう。はじめが❶、終わりが❾になりますね。とすると、❷から❽が「なか」になりますが、❷から❽の1文目を見てください。

❼段落

① 一日のしごとのおわりには、きょうあったできごとや、どうぶつを見て気がついたことを、日記に書きます。

② 毎日、きろくをしておくと、つぎに同じようなびょうきやけががあったとき、よりよいちりょうをすることができるのです。

❽段落

① どうぶつ園を出る前には、かならずおふろに入ります。

② どうぶつの体には、人間のびょうきのもとになるものがついていることがあります。

③ だから、どうぶつにさわったあとは、それをどうぶつ園の外にもちださないために、おふろで体を洗わなければいけないのです

❷朝、わたしのしごとは、どうぶつ園の中を　見回ることからはじまります。

❸見回りがおわるころ、しいくいんさんによばれました。

❹お昼前に、どうぶつ園の中にある　びょういんにもどりました。

❺お昼すぎには、ワラビーの家に行きました。
❻夕方、しいくいんさんから 電話がかかってきました。
❼一日のしごとのおわりには、きょう あったできごとや、どうぶつを見て 気がついたことを、日記に書きます。
❽どうぶつ園を出る前には、かならずおふろに入ります。

　ここのセンテンスだけ取り出したとしましょう。ここから、どんないいところが見えてきますか？　子どもは「いつ、何をする、ということをちゃんと書いている」と言っていました。時間的な順序に沿って、獣医の一日の仕事が説明されています。

　もう一つ注目したのが、文末表現です。「ます」と「ました」です。その二つにはどんな違いがあるのでしょうか。「ます」はどんなときに「ます」といいますか？「ます」はずっとやっている仕事ですね。「ました」はその日だけの仕事。そんなふうに見ていくと、だんだんいいところが見えてきませんか？

　「ます」は現在形、「ました」は過去形ですね。時間的な順序や文末表現などが見えてくると、いままで感じていなかった説明文の読み方ができるようになると思います。

　ただ、私は、文章全体から「どんなところがいいと思いましたか？　感想を教えてくれる？」とは言っていません。❷段落だけを提示して「何番目の文がいいですか？　それはどうしてですか？」と言ったり、段落の1文目だけを取り出して「いいところ」を話し合わせたりしています。

　つまり、教師は、教材をしぼって、子どもが選びやすいようにしているということです。文章全体から「どこがいい？」というように手がかりも何もなしで聞くと、「わからない」「どこを言っていいのかわからない」ということになります。

　では、最後に先ほどのミリーの結末を紹介して終わります。

　でも、ママは、こう　こたえることにしました。
「まあ、すてきね。ママも、そんなぼうし、ほしいな。」
「ママだってもってるのよ、ほんとうは。そうぞうすればいいの。」
と、ミリー。
　そうです。だれだってもっているのです。じぶんだけのすてきなぼうしを。

「だれだってもっているのです。自分だけのすてきな帽子を」というのは、読者に向かって言っていますよね。すてきな話だと思いませんか？　以上で終わります。

（2016年7月23日　長州田中桂塾・山口より採録）

「ミリーのすてきなぼうし」

第4章 座談会

全員参加の授業をつくる ～現場の課題～

出席者（50音順）
荒川正造（長門市立深川小学校）
飯田将之（長門市立深川小学校）
井村侑加（山口大学附属山口小学校）
金尾義崇（山口大学附属光小学校）
西村光博（山口大学附属山口小学校）
宮野大輔（山口市立良城小学校）
森田ゆかり（山口市立良城小学校）
森本隆史（山口大学附属山口小学校）
司会・アドバイザー：田中博史・桂　聖

◉現場でいま悩んでいること

田中：現場で授業されている先生たちが、子どもたちを全員参加させようと思ったときに、どんなことが課題か。いま自分が気にしていることを気軽に話すことから始めませんか。

飯田：全員参加の授業をするにあたって、桂先生のUDの考えや教材のしかけで子どもたちがある程度参加できるように変わり、主体的に授業に参加できるようになってきていますが、活動1、2では盛り上がるけれども、活動3のところ、授業の山場としたいところで、どうしても話し合いが停滞する。導入のところでがんばって挙手している子どもたちも、だんだん挙手が少なくなり、話し合いがなかなか活性化できないのが

悩みです。

田中：話し合いの場面での全員参加が課題？

飯田：はい。

井村：学級の中に学力差があって、わからない子に寄り添って丁寧に進めていくと、学力の高い子は退屈してしまうし、わかる子に合わせてしまうと、苦手な子には置いてきぼり感があるというか、その差をどうやって埋めて行けばいいのか、悩んでいるところです。

田中：では、まずこの二つからいきましょうか。話し合いになると盛り上がらないな、と感じる先生は？（5名挙手）。わからない子に付き合うとわかる子が退屈、わかる子に合わせるとわからない子がついていけない。この差に対する対応に課題を感じている先生は？（6名挙手）両方とも共感するところですよね。

金尾：算数の授業の場合、導入の場面では参加している子どもたちの中にも、話し合いの場面では、話し合いの必然性を感じていな

い子もいます。みんなで話し合う中で深めていけるのではないかという想定で話し合いの場面を組んでいるけれど、子どもたちには必然性がなくて、ズレを感じつつ、無理やり引っ張っていってしまうこともある。

田中：国語の場合の話し合いで、みんなが参加できないというのは、どんな授業のどんな場面をイメージしていますか？

飯田：国語でも大きな問いがあって、それに対して話し合いで深めてほしいところで挙手がない。話し合いが停滞するのは、子どもの話したい話題ではないからなのかな？

田中：活動3のときに感じるのに、なぜ活動1と2では感じないんだろう。活動1、2では参加していると思っているのはなぜだろう。

飯田：活動1、2の導入のところは、みんなが発言できるような発問をつくっている。物語文であれば、物語のイメージを問う活動がおそらく多い。桂先生の授業をお手本に、間違い探しなどを取り入れていますが、確かにその場面では盛り上がるのですが、活動3で論理を問うときに、トーンが下がってしまう。

田中：それはどうしてだろう。

飯田：答えやすさと答えにくさ。

田中：前半は答えやすい問題だから、後半はむずかしい問題だから。

飯田：それと、「考えたい、話したい」という気持ちになる問題になっていないのかな、と。

田中：だとすると、前半はわからない子が参加できやすくなっていて、後半がわからない子が参加できにくくなっている、と思えば一緒ですね。算数のイメージはどうですか？

井村：意欲的に手を挙げている子を指すと、自分の考えを聞いてほしくて、長く話をします。聞いている子どもたちも「ああ、わかりました」とすんなり言ってしまう現状があります。

「先生は、Aさんの言っていることがよくわからないんだけど」と、わからない立場になって言ってみるのだけれど、またわかる子が出てきてしゃべる。自由に話し合いをしても、結局全体に戻ると、わかる子がまとめて話して終わってしまう。わからない子が主体的になるように、中心にもっていきたいと思っていても、結局はわかる子が教えてあげる、という感じで進んで行ってしまうのが現状です。

田中：桂先生どうですか？

桂：問題の取り上げ方もありますね。教師がまじめな感じで問いかけるよりも、くだけた雰囲気で「よくわかんないよね」とニコニコして問いかけるという空気、雰囲気も大事。

田中：教師が表情を緩めないと固まります。「いま、どう思っているの？」と言いながらニコッと笑うと、子どもたちの肩の力がスッと抜ける。何とかしゃべらせようと教師の方が固くなると「がんばれ」という空気だけが伝わって辛くなる。

話し合いになると盛り上がらない、わからない子とわかる子の差に対する応答、別々の話題のようだけれど、共通するのは、やさしいことはやさしいことがわかる子が答え、むずかしいことはむずかしいことがわかる子

が答えるようになっていること。その場面をどう逆にするか。

　一つは、前半で盛り上がっていると思っていること自体が、私は間違っていると思うんです。

　あの瞬間は盛り上がっているわけではないんです。野外炊飯で火が付かないと、子どもは慌てて新聞紙を投げ入れる。するとバーッと燃えるけれど、実際は太い木には燃え移っていない。火が付かないから、何度も新聞紙を入れるけれど、そのうち灰だらけになるだけでメインに火が移行していない。それと同じで、新聞紙を投げ込むような盛り上げ方をしていると、大きい木に燃え移るパワーが育っていかない。単発の、非常にやさしいウォーミングアップで活発になることを盛り上がっていると思ってはいけないのではないか。

　実はその場面でも、全く聞いていない子もいます。子どもたちが授業の最初に「わかった」と言っても実際はわかっていないことが多いのです。スタートのところで、子どもたちの状態を把握することがとても大事。だから、必ずいったん子どもの座席の中に入ること。中に入ってみると、ノートの用意ができていない子、板書の図を不思議に分割してノートに描いている子、さまざまな実態が見えてきます。

　もう一つ、できる子たちが退屈するという話は、どこに行っても聞きます。苦手な子たちに合わせていると、できる子が退屈するということ、実感ありますか？　国語はそこまで「できる・できない」がはっきりしませんか？

西村：昔はできない子のためにレベルを下げていた感覚がありましたが、最近は子どもたちが話したいと思うところを取り上げて話し合うようにしているので、できる子が退屈するという悩みはないですね。

田中：できる子が退屈する、できない子がついていけなくなる、と実感するのは算数を教えるときと、国語を教えるときで感覚にズレがありそうですか？

宮野：わかっている子がわからない子に説明するときに、算数は図や視覚的に訴える手立てがあるので、説明が伝わるなと思うのですが、国語では反対に、本質的なものになると、それを言葉で伝えようとするので、うまく相手に伝わらない。

田中：ツールがないから？

金尾：逆の思いもあります。同じように自分の考えを発言させても、国語では、質の高い発言を生活経験から納得できることもよくあります。だから、「ああ、なるほど」と共感できる部分が多いように感

じますが、算数の場合、質の高い意見が出たときに「ああ、すごいね」とはなりにくい。その考えにたどり着いている子たちは共有できても、わかっていない子たちには伝わらない、すごさが感じられないという実感があります。

田中：別の考え方や解き方に感動しない子もいます。「どっちにしろ、答えはこれでしょ」と。

　不思議なことに私は苦手な子のために他の子が説明しているときに、できる子たちが退屈していると感じたことはないのです。そもそも私はわかる子の説明だけを連続させることはしません。わかっている子の説明が連続するのは、英語がわかる人が日本語しかわからない人に翻訳しようとしないのと同じです。だから、私は、わかる子の説明の間に、

わからない子が聞き取ったものを挟んで確かめることにしています。

たとえば、自慢気に話すA子の説明を、うんとうなずくB子に話させると、B子が全然違ったことをしゃべることがあります。そのとき、私はB子ではなく、説明をしたA子に「君の話は全然伝わっていないよ」と言うのです。すると、A子は「じゃあ」と必死に伝え方を考えます。A子たちはプレゼンテーション能力をあげているのです。B子たちは「こっちはわかりにくい、こっちがわかりやすい」とA子たちを評価することもできる。「もっと私をわかるようにして!」と、わからない子たちの立場を上にすることにもなります。それをミックスさせるとよいと思います。

社会に出て働くと、アイデアを出す企画部門と営業マンで役割が違います。営業の人は商品を開発することはしないけれど、商品の良さをどうやって伝えればいいかというプレゼンテーション能力はすばらしい。

得意だと思っている子は、発想する能力はもっているかもしれないけれど、プレゼンテーション能力は育っていないかもしれない。相手のわからなさのわかる子の方が、説明が上手という空間をつくることが大切なのだと思います。

◎ **指示を待つ子、ついていけない子**

森田：課題を解決していく場で、全体で一緒に考えたあとで個人に戻したとき、全体の場ではわかっていたような子たちが、個人に戻すと活動できていないことがあり

ます。問題解決の見通しをもてていないことが多いですね。

森本：算数ではとくに、新しい見方や考え方を子どもたちに育みたいと思っていますが、授業の中盤などで、新しい考え方や見方が出た途端、それまでの流れとは変わって「わからない」という子が多くなります。新しい見方、考え方の良さを全員が理解するというプロセスが非常にむずかしいと思っています。

田中：森田先生がおっしゃっているのは、算数でいう「自力解決」。みんなで課題を言っている間はよかったけれど、一人ぼっちになった途端、何も手がつけられなくなる子が見えてくること、ありますね。スタートのときに、全然書けていない子、友達の言ったことだけ書いて待っている子、いますよね。

森本先生の方は、話し合いの中で、わかりやすい考え方が出ているところまではうまくいっているように見えているけれど、新しい発想が出てきた瞬間についていけない。話し合いの後半で盛り上がらなくなるパターンと似ているかもしれませんね。

一人にしたときにできていないのは、ノートを見て歩いたときに痛感することですよね。そのために、どんなことをされていますか?

桂：子どもを解き放つタイミングかな、と思います。全員で問題解決の見通しをもてていれば、課題設定の後に一人の時間を取ればいいと思うのですが、見通しをもてていないとすれば、問題を設定する場面にもうちょっと時間をかける必要がある。

自分の考えを表現することには、文章で理由を書いてみよう、数字で表してみよう、線をひいてみよう、といったいろいろなレベルがあります。子どものそのときの状態において、できそうかできないかを見極めること

が大切ですね。

田中：算数も、かつての問題解決型学習では、問題が出てきたら、すぐに一人ぼっちにしました。でも子どもたちが何も手を付けられないから、教師は何枚もヒントカードを書いて、子どもを見ながらヒントカードを配り、そのあとで見通しをもつ時間をいっぱいつくった。「こういう場合には～」、「こういう場合には～」、と手立てを教えた。ほぼ答えを教えているようなものだから、一人ぼっちにしたときには、確かにできるけれど、お膳立てをすべて整えてできたと言っても…（笑）。その間のギャップを行ったり来たりしていた。

桂：田中先生の授業では問題の意味を読み取ることに時間を掛けますよね。

田中：問題の意味をやりとりをしているうちに、自然に話題が行くように仕向けます。逆に言うと前半に一人ぼっちにする時間をそんなにつくらない。わざと困らせて、もっとも人が間違えやすいだろうという話題を先に出す。私はそこまでを教材だと考えています。

たとえば、「$\frac{1}{2}+\frac{1}{3}$ をいまからみんなで計算します。一つ下の学年の人が解いたら、どんな間違いをするでしょう」と聞けば、みんなニコニコして $\frac{2}{5}$ と言う。その授業でいちばん最初に出てきそうな間違いを気軽に出させる。いつも正解をたずねるのはやめて「この問題を解いたら、どんな間違え方をするでしょう」とやればいいのです。

これは国語でも使えると思うけど、「この読み取りで『この』を指したとき、どんな間違え方をするでしょう」といったような問題。

桂：主題の学習でも、6年生になったら、これは絶対におかしいな、という主題を出し合って検討するという学習をします。次に、ぎりぎり変だな、という主題を選び、そのあとで正しい主題を書こう、といった流れで授業をすることもあります。子どもから出させて、自分たちで間違いを検討するというようにもっていきます。ただ、5年生の段階で、子どもたちの中で主題の意味がある程度わかっていることが前提ですが…。

田中：その誤答を、瞬間的に子どもから拾えると、もっとリアリズムがあるかな、と思います。実際に授業でやったときの、子どもの間違いを蓄積しておいて、次の時間にはそれを使えば、出す選択肢がより子どもに近く、成長していくのではないでしょうか。事前に簡単な問題などをしておいて、実際の間違いを使うと、より効果的です。

森本先生の、授業の「起承転結」の転にあたるところでの対応について。国語でいうと、急に質の高い話し合いになるとついてこられなくなるのはなぜでしょうね。実は理由は簡単です。そちらの解き方に興味がないだけ（笑）。

森本：教師はいいと思っていてもですよね（笑）。

田中：子どもの価値観がそこまで育っていなければ、「もうできているもん」と心の中で思っている。その人間に「こっちも面白いでしょ」と

呼びかけても響きません。

桂：国語でいうと、「確認読み」と「解釈読み」の違いですね。論理は全員で確認する必要があります。しかし、どうしてそれがいいのかという解釈レベルでは、その人独自の感覚です。解釈は個々にまかせるというところがあります。

　主題指導でいうと、主題の捉え方という論理は共通に確認しますが、それを使って解釈した主題は多様でいいのです。

森本：「より論理的に」とか、算数だったら「より正確にするためには」とか、そういう、よりシンプルな、より説得力のある、良さを子どもたちに味わってほしいと思うのですが。

田中：それは自分一人では感じない。だから、わからない相手がいるんです。この人間に何か説得したいと思っているけれど伝わらない。伝わらないから別の表現方法を探す。例の挙げ方を変えたり、「こっちのほうが簡単でしょ」と言ったりするのは、目の前にいる相手を何とか説得したいという意欲がないとだめなんです。

◎ ねらいへのたどり着き方

宮野：国語も算数のように系統性をもって教えないといけないと思います。全員参加の活動は全員が思考できる授業を、足場をかけてつくっていくが、それをはずすタイミングが大事です。2学期が終わっても、足場を外したら自分たちで思考ができないのではないか、とつい足場をかけてしまう。「国語は教え込みじゃない」と思っても、そもそも

もの土台の部分がしっかりないので、アクティブにならない。教えないとその先もアクティブになっていかないだろうし。

田中：そこは永遠の課題でしょうね。読解させるにも文章を書かせるにも、その前段階にツールがいるんじゃないかということですよね。算数でも割合の問題がわからないと、もとにする量がわからないときは、まずこうやって見つけます。次にこれを使って、こういう式の立て方をします、とやってしまったり、速さの学習だと「は（速さ）・じ（時間）・き（距離）」とやって公式を覚えさせることに急ぎすぎてきたりした。そのせいで、子どもが考えなくなっているというのがあります。「時速2キロメートルで4時間歩きました。どのくらい進みましたか」というのは、2年生でもすぐに解けるのに。

　国語の読み取りとは違うのかもしれないけれど、ツールってどこまでいるんだろう。

桂：いま、私のクラスでは、1分間研究発表をやっています。友達の1分間の発表を聞いて、説明のいいところをみんなでくり返し共有していきます。すると、その中で、指し方とか、資料の作り方とか、写真の見せ方とか、記号の付け方とか、声の大きさとか、途中で問いかけを入れるとか、はじめに教えなくても次第にやれるようになります。くり返し経験する中で、いいところを見つけるだけでも、かなりスキルアップします。だから、もうちょっと子どもの自然体から始める国語の学習ができればいいなと思います。

田中：自分で何かできる子なのかどうかを見定め、それでも動かない子たちにツールがあるという方法と、最初に全員にツールを見せてしまって、いったんは一緒に使ってみましょうという方法、いろいろありますね。

桂：最初にツールを見せたとしても、それなりの楽しさとか、ツールの良さを味わうとか、ちょっとした問題解決の経験も必要です。「これは大事ですから、中心人物の変化を書きなさい」とか、「作品の設定、いつ、どこで、だれが、何をしたかを大事なのでやりましょう」とやる授業を観ることもあります。でも、実感もないまま最初から使わせることは避けたい。

田中：いろいろな国語の授業を観ていて、発問がダイレクト過ぎるように思います。気持ちの変化を聞きたかったら、主人公の気持ちはどうだったでしょう、と直接たずねるだけではいけないのではないでしょうか？　違う視点から切り込んで、知らないうちに主人公の気持ちを語っていたように仕向ける。こういう手法も昔は発問研究でやっていましたよね。

いずれにせよ、もう少しドラマチックになるように、最初はわざと気づかせないようにたずねて、いっぱい周りを読んだら、最後に「どうやらここに犯人が居そうだぞ」と見えるようにしたい。

算数でも「数の決まりを発見しよう」と言われたら「ああ、決まりがあるのね」と思うでしょう？　単純に「今日は計算練習をやるよ」と言ってやっているのに、「先生、次は8って書くでしょ！」「そんなことはない」「やっぱり」「先生、こんなこと考えて問題をつくっているんでしょ」と子どもに言わせて、決まり発見にもっていくのとは大きな違いがあります。モチベーションの差ですね。

桂：ねらいは一緒だけど、たどり着き方が違う。

田中：大人のねらいを最初から子どもに言うかどうかが問題。サプライズパーティーをやるのに、サプライズの中身を言ってしまうようなものですから。

ツールの問題は、一人で考える時間になったときに、何もできない子たちにどうするか、ということで、算数でヒントカードを書いていたことと共通します。一人になったとき、何もできない子がいるとまずいな、やはり何かしてあげたいという思いは大切ですけど、もしかしたら最初から自転車に乗れる子にまで補助輪を付けているかもしれない。

◎ そもそも全員参加の授業って何？

金尾：学力差というと、技能がないといった話になりがちですが、技能はなくても価値観が揃っていれば、みんなで同じ学びができるな、と感じています。価値観をどう広げていくのか。同じ学校の教師間でも算数に対する価値観もバラバラだし、教室で見える学力差も、そこに関わっているのではないかな。どうしたら、学びに対する価値観・見方を共有し、揃えていけるのでしょうか。

田中：それは大人が？　子どもが？

金尾：どちらもですが、メインは子どもです。

田中：まあ全員揃ったら気持ち悪いかな（笑）。

西村：自分ではうまくいったと思っていたのに、よくよく見るとわかっていない子がいたり、最後に書けていない子がいたり。話し合いのところで、桂先生が論理の話をしたい、そのためにイメージを揃えるということをよく話されます。論理の話をしたいときに、ついてこれない子がいる。なぜかというと、活動がつながっていなかったから。「イメージの話をしている」、「論理の話をして

いる」という活動がつながっていないときがある。あくまで話したいのは論理でも、そこにつながっていくために、イメージを育てる活動がぶつ切りだったんだろうな、と。

田中：いまの話はどうですか？

桂：田中先生の授業を見ても、式と図をうまく結びつけて授業をされています。式だけをやるんじゃなく、図だけで終わるのでもなく、イメージと論理の往復をしながら進んでいく。論理だけでやってしまうと切れてしまう。

田中：国語の「イメージ」って何だろう。

西村：書かれている内容ですかね。

田中：内容をどうすること？　イメージって日本語でいうと何だと思う？

桂：想像。

田中：俳句とか短歌のように、一文しかない中に、その具体が書かれていない。そのものに対して自分が具体を結びつける活動は想像といえるかもしれない。でも、文章の中に具体が書かれている場合のイメージって何？　普通の説明文で具体的なことが書かれている。そこから「イメージをもつ」って、どういうことを言うのだろうね？

西村：いまお話を聞きながら、そういうところがあいまいだからいけないな、と思いました。一つ自分が考えていたのは、具体的なものを抽象的に捉えるということ。いくつかの文があって、これをまとめて、くちばしの役割を話しているとか、ここはくちばしを使った食べ方、くちばしの使い方を話しているんだというように、具体的な文をまとめて、抽象的な捉え方をするのがイメージ。

田中：イメージってそんなふうに捉えますか？

荒川：算数でいうと図があったり。

田中：映像化のほうですよね。いまのは印象？抽象化？　一つの言葉で同じことを語っているように見えても、真逆のことを話している。

活字だけではわからないから、この場面を絵にしてみましょう。これもイメージ化。

ここに表れたこの文章を色で表現してみましょう。これが抽象化。

「イメージを語る」というと、真逆のことをやっているでしょ？　英語やカタカナ語って、実は中身をどう考えているかが、みんなが共通だとは限らない。ここにたくさん具体があるから、具体を統合して一つのものに置き換えさせたいという場合のイメージ化は、抽象的なものをはっきりさせようとするイメージ化とは役割が違う。いまの子どもたちにどちらが必要なのか、と考えると、同じ言葉でも活動は異なってきますね。

算数の場合、できない子の場合のイメージ化は、抽象化ではなく具体化です。早くから抽象化したり形式化したりすると、とたんにわからなくなる。先ほどの速さの話のように。

荒川：そもそも、全員参加の授業のイメージがあまりない。算数でいえば、昨日の田中先生の授業では、具体を揃え

るところで、子どもたちの挙手がありました。自分も具体を揃えることがないと考えることができないし、具体を揃えるところは全員でやっていって、そのあと具体が揃ってきて、いざ一人で考えるときに、圧倒的に挙手の数が減るという現実が目の前に現れる。

そのときに、全員参加を本当にしていないのかどうか、というのが自分の中で疑問としてある。挙手は減っているけれど、一生懸命書いている子もいて、これは思考しているから参加と捉えていいと思うのだけれど。

全員参加って何をもって言うのかが、まだはっきりしないです。どう求めて行っていいのかが見えない。子どもの姿から想像できないのが授業のあいまいさに出てきて…。そこをまず、はっきりさせたい。

もう一つが、先ほどから出ている個人差なんですが、友達同士で、ペアでもグループでも一生懸命話し合いをして、それでもどうしてもクリアできない子どもが出てきます。どうしても乗り越えられない子をどうやって参加させればいいのか。

田中：どうしてあげたい？

荒川：最初から、カクンと下がってしまうこともあって、最終的には教師が個別に教える形になってしまうのだけれど、意欲が落ちる前に、なにか一つでもわかった、これならできた、という思いを味わわせたいのですが。

田中：いまの状況より、一つでも前に出ればいい、と思って見てあげること。

いまの「全員参加をどういうイメージで捉えているか？」というのは、とても大事な話題ですね。

「協働的学び」という言葉がはやったから、協働的学びって何だろう、と考えているうちは、それはその人にとっては本当は必要のない話題なのかもしれません。さっき、算数で「新しい見方」が出たときに、子どもたちが乗っていかないのと同じで、文部科学省が「アクティブ・ラーニング」を言ったからアクティブ・ラーニングを考え始める、「協働的学び」を言ったから協働的学びを考えるというのでは、本人の中にその問題意識はなかった。ああ、私が求めていたのはこれだ、と結びついたのならば問題意識と一致する。

皆さんが授業をしながら「やっぱり、子どもたちを全員参加させたいよな」と思っているかどうかが問題。そのときに「ここまで来たら、みんなが全員参加できている」と、自分の中でどういう状況を望んでいるか。

だから挙手しない子が参加していないわけではない。挙手しない子は「困っている」という意思表示をしていると思えば、それも大切な表現ですよね。

「全員参加」イコール「全員ができる」ではない。先生が一つ発問したときに、手を挙げる子と手を挙げない子、両方参加していると思うと、考え方も変わるでしょう？ただし、先生の質問に答えようとして、動いているかどうかが大事。

◎ **まずは子どもを知ることから**

桂：「田中先生の授業は前から好きだけど、最近の授業はもっといい」という声があります。田中先生の授業がいい意味で、変わってい

ると言われますが。

田中：それは多分、わからない子たちに徹底的に焦点を当てているからだと思います。飛び込み授業でも、たった一人に焦点を当てる授業をしています。教室に入った瞬間に「この子、大丈夫かな」と感じる子、担任の先生から「この子にはあまり触れないでください」と言われた子に敢えて関わろうとしています。

いちばん最初にその子に近づいて行って握手をして「先生とゲームをやろう」といって前に出す。こちらが負けてみせて、「おー、君すごいなぁ」とほめると、しばらくは興味をもってがんばっています。そのあとも、要所要所で必ず目を合わせる。そして、その子ががんばろうとしたときにはすかさず関わる。

ずいぶん前になりますが、私が黒板に問題を書き始めたら、前に出て黒板に絵を描き始めた子がいました。え？と思いましたが、私はその子を板書係にしました。「じゃあ、先生の代わりに書いて！」と書かせた。

これは、足を骨折して授業をしたときに思いついたワザです。松葉づえで飛び込み授業に回ったのだけれど、動けないから、いちばん前にいる女の子とか、背の高い男の子とかに「ちょっと書いてよ」と頼んで…。板書係はものすごく集中するんです。こうして役割を与えるといい。

桂：支援教育の世界では「役割行動」というらしいですよ。

田中：さて、そろそろまとめに入りましょう。全員参加を実現させるために、はじめに一人の子どもを変えましょう。全員を一気に変えるのではなくて、まずは一人の子を元気にしてみてください。そのためにも、まずは子どもを観察すること。相手に気づかれないよう

に、その子の良さを探す。悪いことはどんどん目に入るけれど、良さを探そうと思うと、なかなかいい場面に出会えないものです。

新採用の先生にお勧めしているのは、「全員を探す」という手法。クラスの名簿をもって、20分間の休み時間に何人探せるか遊んでごらん。

荒川：あれ、見つかりませんね。やってみたけど、むずかしかった！

田中：こんなに子どもって散らばっているのか、と実感します。くり返してみると、いろんなことに気づきます。運動場に出ているふりをしているけれど実際には運動場に出ていない子、本好きの少女を装っているけれど一人ぼっちになっているのを見られたくなくて図書室に通う子もいます。そういう実態がわかると、案外子どものことを見ていなかったんだな、と痛感する。さあ、どの子から元気にさせようか、と自然にやる気がわいてくる。

たとえば、給食の時間に、一人を決めて1分間観察してみるのもいい。1分間は結構長いから、笑えるネタもいっぱいできます。

給食を取って、自分の席につくまでに、何回も友達にぶつかる子もいます。同じぶつかっても「やめてよ」と言われる子と、いくらぶつかっても何も文句を言われない子もいる。一人を観察することでさまざまなことが見えて面白い。まずは、子どもウォッチングを楽しんでみてください。お疲れ様でした。

「長州田中桂塾で学んだこと」

荒川正造（長門市立深川小学校）

　全員が手を挙げている状態を求めて授業をしたことはありませんでした。「手を挙げず、困っているという意思表示も参加している姿」という、田中先生の言葉に、はっとさせられました。全員参加の授業づくりを目指すには、子どもを見る目を磨くことから始まるのだと感じました。全員参加の授業の型を求めるのではなく、子どもの姿から全員参加の授業の型をつくり上げていきたいと思います。

飯田将之（長門市立深川小学校）

　「自分は子どもを見ているようで、実は見えていないのでは。」と自問しました。全員参加の授業をつくるには、決して方法論を求めるのではなく、深い子ども観や授業観が重要だと感じました。授業の盛り上がりを表面的に見ず、子どもの思いや、わからなさを見取りたいです。授業前やスタート時点で、子どもの状況を的確に把握し、気になる子を大切にしながら授業展開に生かせるようにしたいです。

井村侑加（山口大学附属山口小学校）

　"教師自身が子どもと一緒に授業を楽しむ" 楽しさの中に教師の意図がしっかりとあることで、子どもたちの学び合いを支えることができるのだと学びました。また、"この子を元気にしたい"と思い、その子に接する。その積み重ねが子どもだけでなく、教師の言葉かけや支援の一つひとつを見直すことにも繋がるのだと痛感しました。今後も一人を大切に、子どもたちと共に学び合っていきたいです。

金尾義崇（山口大学附属光小学校）

　田中先生，桂先生は、心の底から子ども一人ひとりのことを考えておられます。今回、「全員参加」を子どもの立場から一緒に考える機会をいただき、発見がいくつもありました。教師の求める本質の学びと、子どもの思いとのズレに心を寄せていくことが「全員参加」の道への第一歩です。子どもの「今」を敏感に感じ取れるよう努力し、学ぶ喜びをもっと共有したいという思いがわいてきました。

座談会にご出席の先生方に一言ずつ感想をお寄せいただきました。　（五十音順）

西村光博（山口大学附属山口小学校）

「手を挙げていない子にも2種類いる」座談会を通して、子どもを見るためのヒントをたくさんいただきました。授業をしていて、何を言っているのかよくわからない子どもの言葉が実は本質を捉えたものであったという経験が何度もあります。子どもの不明瞭な言葉にも、全員参加の授業づくりのヒントがある気がします。まずは「一人の子どもを元気にする」そこから始めてみようと思います。

宮野大輔（山口市立良城小学校）

田中先生と桂先生の偉大さを改めて実感する2時間でした。「子どもについて」「授業について」語っておられる姿を拝見し、今尚その答えを追求されて学んでおられることに、深い感銘を受けました。自分自身、偉大な先輩方の背中を目標に学んでいけることは、大きな喜びです。これからも山口の仲間たちと切磋琢磨して、しっかり精進していきたいと思います。

森田ゆかり（山口市立良城小学校）

子どもたちが見通しをもって活動するために、全体から個の活動に入る場面をどのように仕組めばよいのか、相談させていただきました。お二人の先生方から、「困り感をもつ子ども」がつまずくかもしれない部分を想定し授業を構成したり、活動中に「困っている子ども」のつまずきを全体で共有したりすることが、大切だと教えていただきました。全員参加の授業を目指して研鑽を積んでいきたいと考えております。ありがとうございました。

森本隆史（山口大学附属山口小学校）

「全員参加を実現させるために、はじめに一人の子どもを変えましょう」という田中先生の言葉が心にグサッときました。一気に全員を変えることはできません。でも、一人だったら変えることができると思いました。一人を変えることができたら、もう一人。そのくり返しが大切なのだとわかりました。そう考えると、子どもたちの顔が次から次に浮かんできました。楽しみでたまりません。

田中 博史（たなか・ひろし）
1958年山口県生まれ。1982年山口大学教育学部卒業、その後山口県公立小学校教諭を経て1991年より筑波大学附属小学校教諭。筑波大学人間学群非常勤講師を兼任。
全国算数授業研究会会長、日本数学教育学会出版部幹事、日本質的心理学会会員、放送大学大学院にて人間発達科学の分野で修士取得(学術)。算数教育に限らず学級経営の分野の講座も全国で開いている。また北米、中米ホンジュラス、メキシコ、タイ、シンガポール、イスラエル、デンマークなど海外でも現地の子どもたちと英語での飛び込み授業を行っている。近年はぐっさん、ガレッジセールのゴリさん、ココリコの田中さん、博多華丸さんなど吉本興業の芸人さんとのトークショーを紀伊国屋ホールで開催する等幅広く活動中。

桂　聖（かつら・さとし）
1965年山口県生まれ。山口大学教育学部卒業、放送大学大学院文化科学研究科教育開発プログラム修了、修士（学術）。山口県公立小、山口大学教育学部附属山口小、広島大学附属小、東京学芸大学附属小金井小教諭を経て2006年より筑波大学附属小学校教諭。筑波大学非常勤講師兼任。日本授業UD学会理事長、全国国語授業研究会理事、低学年の「心」を開く研究会事務局、教師の"知恵".net事務局、『子どもと創る「国語の授業」』編集委員、光村図書「小学校国語教科書」編集委員なども務める。授業のユニバーサルデザイン研究（特別支援教育の視点を取り入れた通常学級の授業づくり）をライフワークにしている。

編集協力：池田直子（株式会社 装文社）
デザイン・DTP：有限会社 野澤デザインスタジオ／菅原純子（スガワラデザイン）
写　真：佐藤正三（株式会社 スタジオオレンジ）

「全員参加」授業のつくり方「10の原則」

2017年3月　第1刷発行
2018年2月　第3刷発行

著　者　田中博史・桂　聖
発行者　水谷泰三
発行所　**株式会社 文溪堂**

　　　東京本社／東京都文京区大塚 3-16-12　〒112-8635
　　　　　　　TEL（03）5976-1311（代）
　　　岐阜本社／岐阜県羽島市江吉良町江中 7-1　〒501-6297
　　　　　　　TEL（058）398-1111（代）
　　　大阪支社／大阪府東大阪市今米 2-7-24　〒578-0903
　　　　　　　TEL（072）966-2111（代）
　　　ぶんけいホームページ　http://www.bunkei.co.jp/

印刷・製本　サンメッセ株式会社

©2017 Hiroshi Tanaka, Satoshi Katura Printed in Japan
ISBN978-4-7999-0228-8　NDC375　96P　257mm×182mm
落丁本・乱丁本はお取り替えします。定価はカバーに表示してあります。